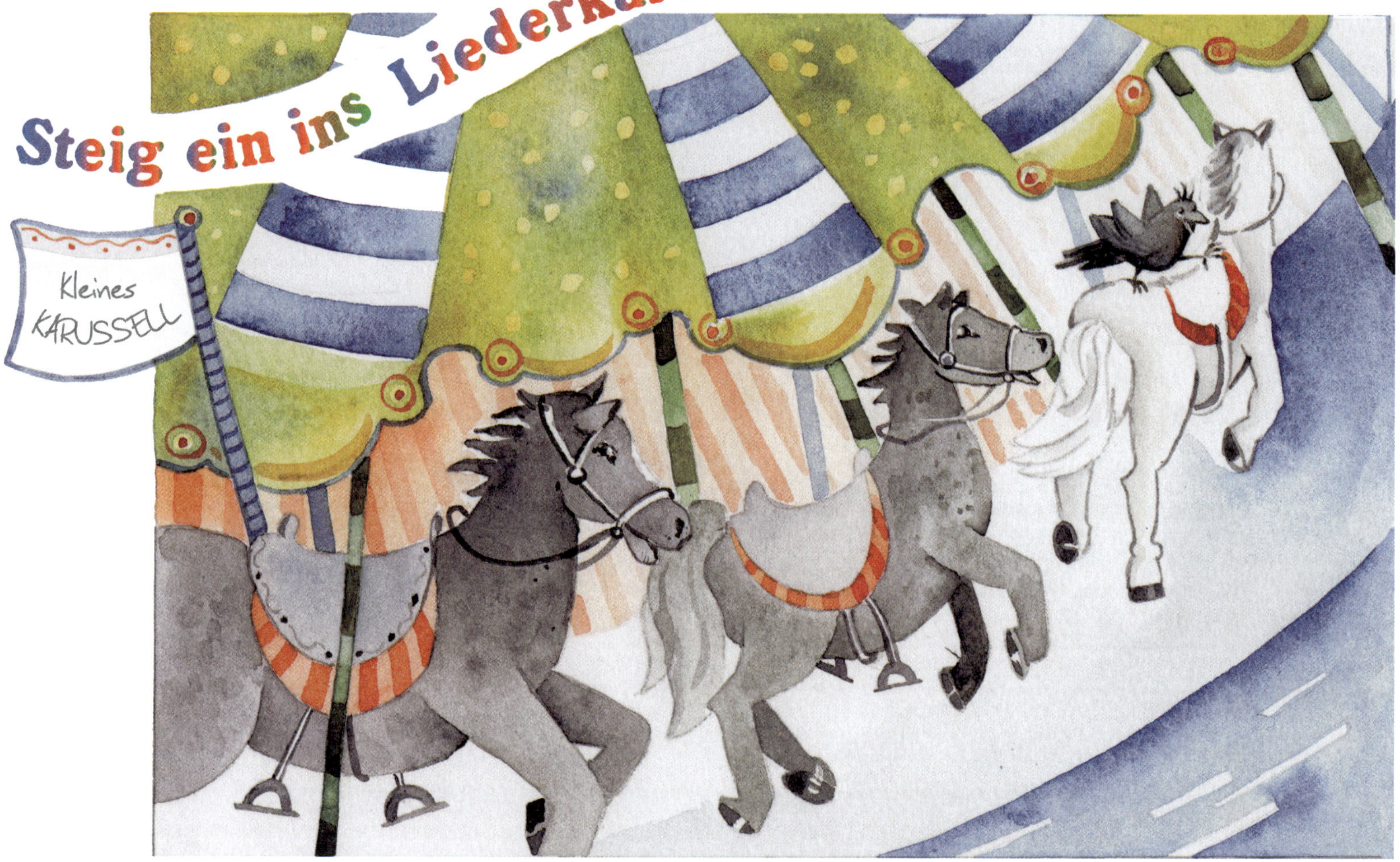

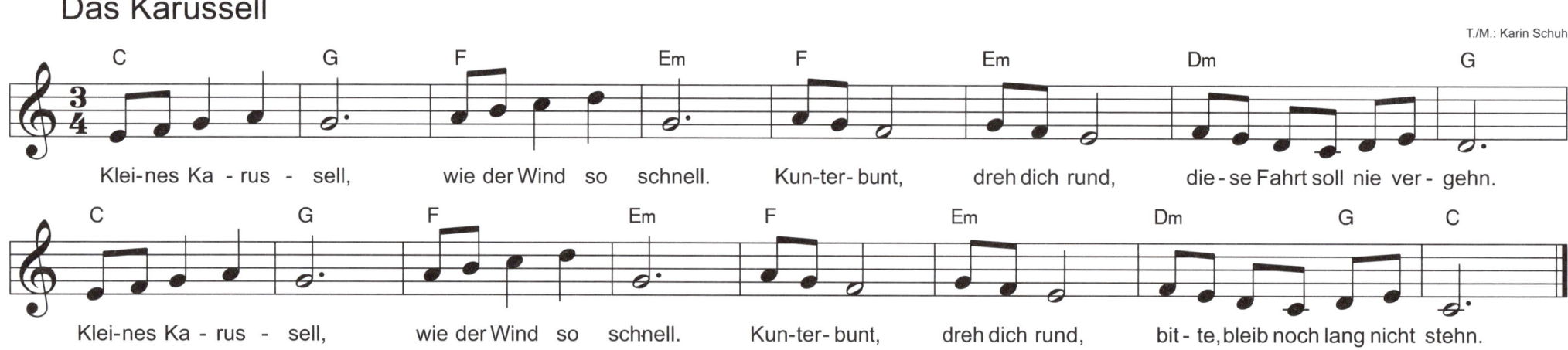

Das Karussell

T./M.: Karin Schuh

Klei-nes Ka-rus-sell, wie der Wind so schnell. Kun-ter-bunt, dreh dich rund, die-se Fahrt soll nie ver-gehn.

Klei-nes Ka-rus-sell, wie der Wind so schnell. Kun-ter-bunt, dreh dich rund, bit-te, bleib noch lang nicht stehn.

© by Schuh Verlag

Zum Tanze, da geht ein Mädel

traditionell

Die Tiroler sind lustig

M.: Volksweise
Satz: Uwe Schuh

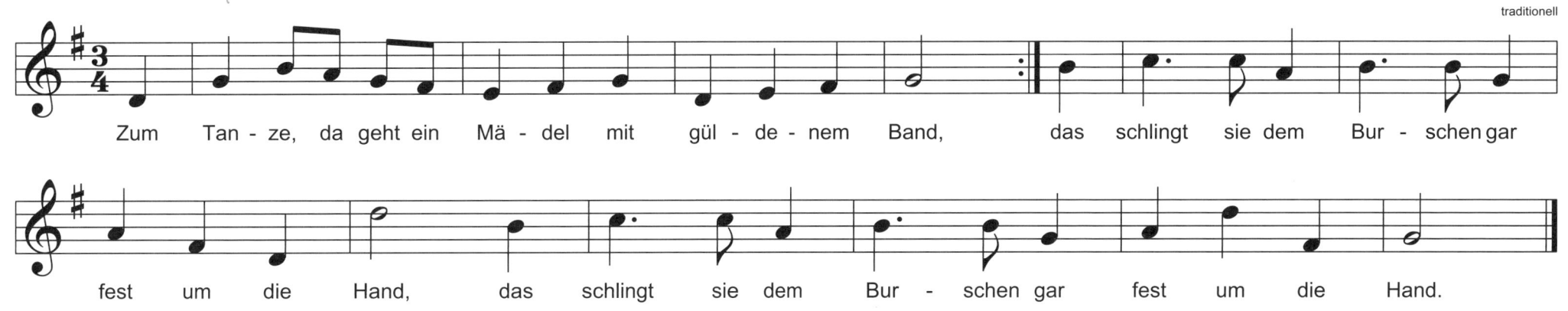

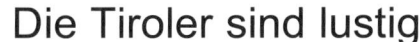

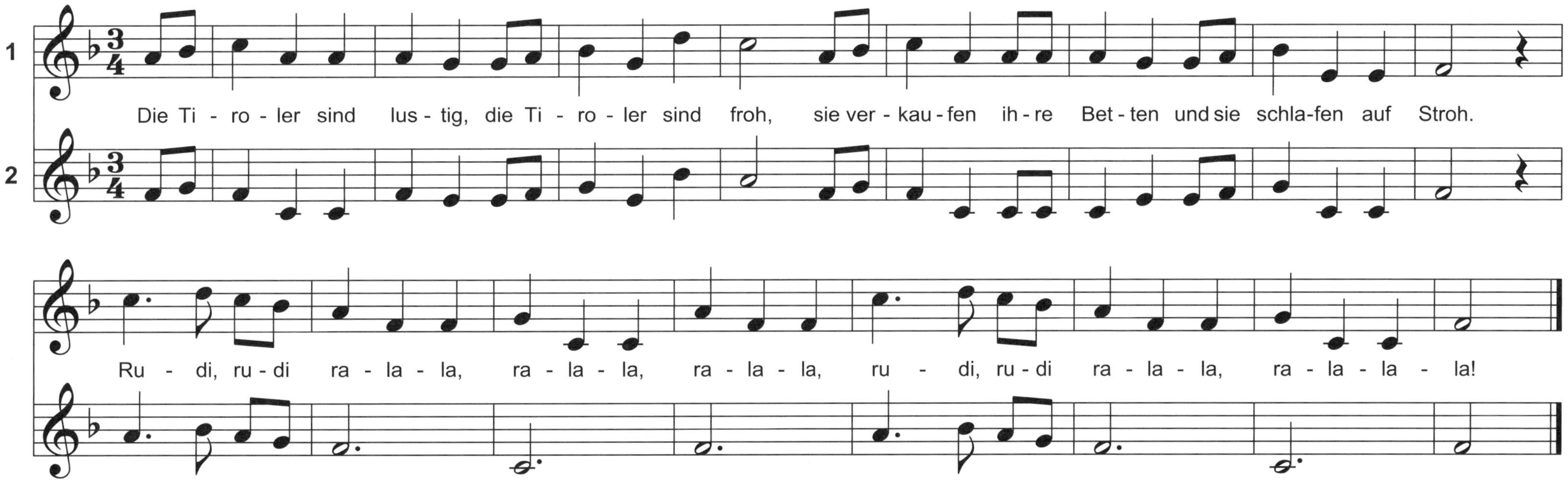

Weißt du, wieviel Sternlein stehen?

M.: Volksweise
Satz: Uwe Schuh

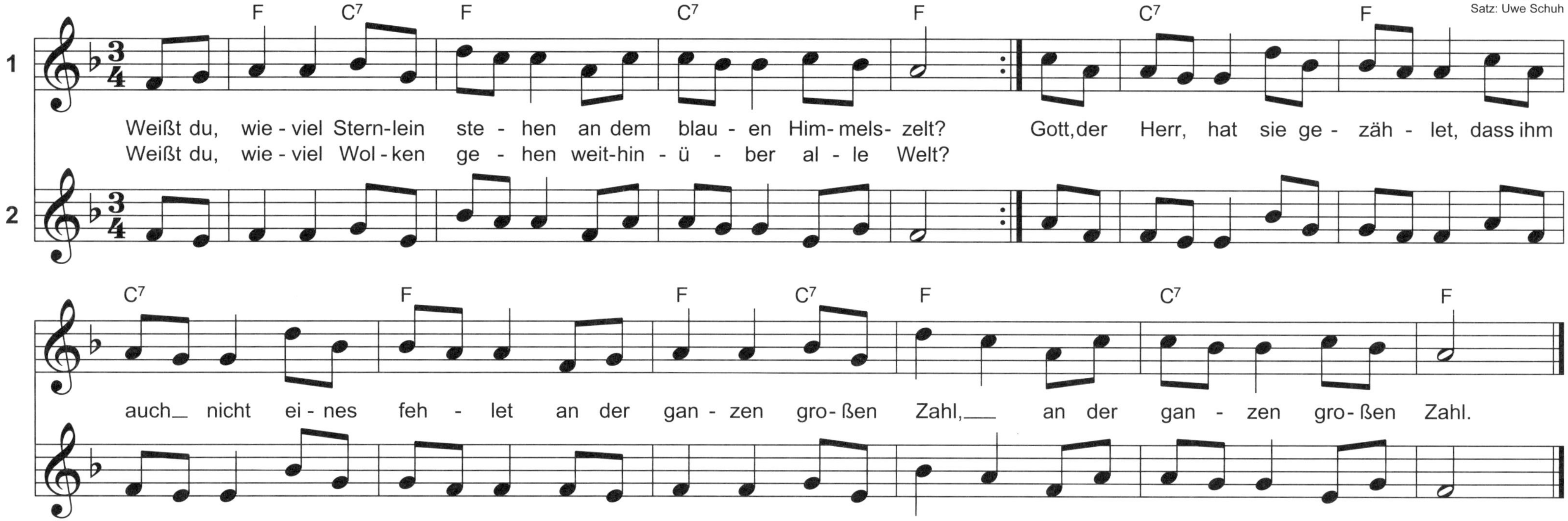
1
2
F C7 F C7 F C7 F
Weißt du, wie - viel Stern-lein ste - hen an dem blau - en Him - mels- zelt? Gott, der Herr, hat sie ge - zäh - let, dass ihm
Weißt du, wie - viel Wol - ken ge - hen weit-hin - ü - ber al - le Welt?
C7 F F C7 F C7 F
auch nicht ei - nes feh - let an der gan - zen gro - ßen Zahl, an der gan - zen gro - ßen Zahl.

Die güldene Sonne

M.: Johann Rudolph Ahle

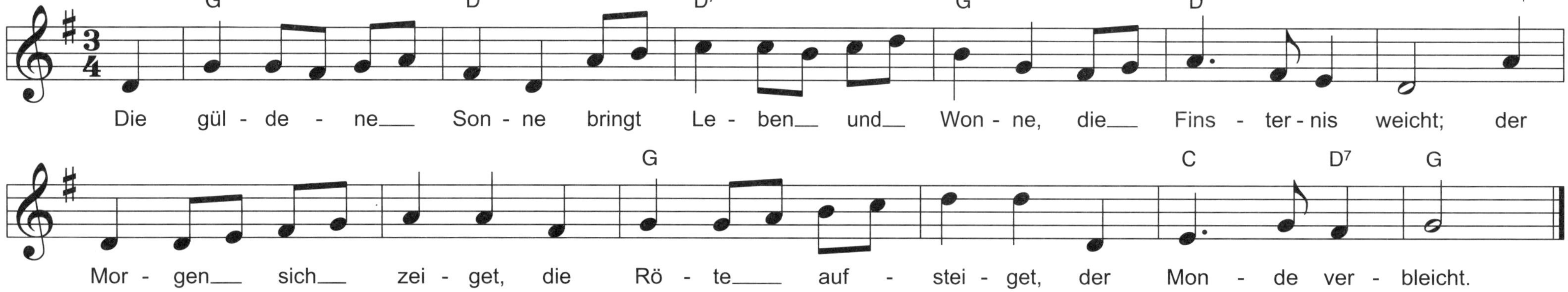
G D D7 G D
Die gül - de - ne Son - ne bringt Le - ben und Won - ne, die Fins - ter - nis weicht; der
G C D7 G
Mor - gen sich zei - get, die Rö - te auf - stei - get, der Mon - de ver - bleicht.

Oh Susanna

M.: traditionell aus Amerika
Satz: Uwe Schuh

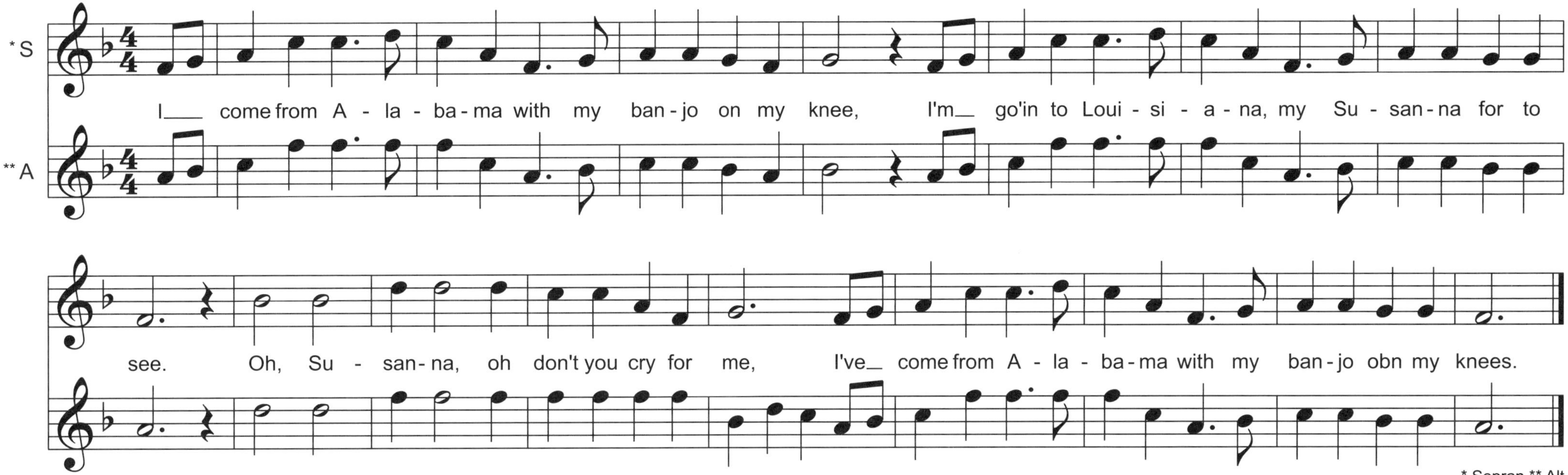

*S / **A

I come from A-la-ba-ma with my ban-jo on my knee, I'm go'in to Loui-si-a-na, my Su-san-na for to see. Oh, Su-san-na, oh don't you cry for me, I've come from A-la-ba-ma with my ban-jo obn my knees.

* Sopran ** Alt

Ma come bali bela bimba

M.: traditionell aus Italien

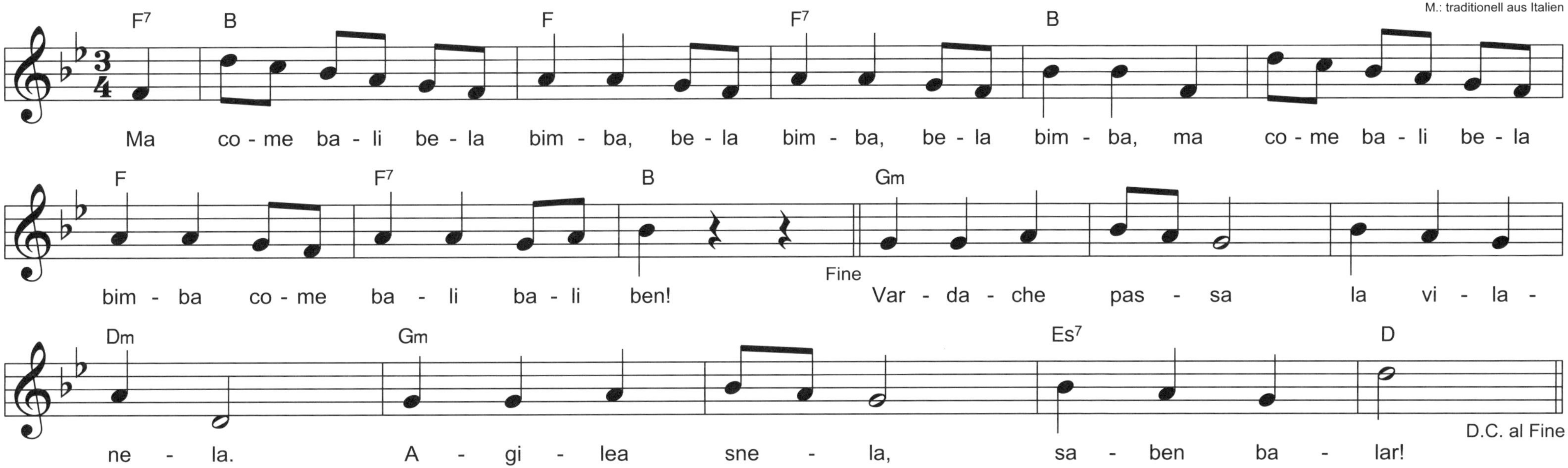

Ma co-me ba-li be-la bim-ba, be-la bim-ba, be-la bim-ba, ma co-me ba-li be-la bim-ba co-me ba-li ba-li ben! Var-da-che pas-sa la vi-la-ne-la. A-gi-lea sne-la, sa-ben ba-lar!

Fine

D.C. al Fine

© by Schuh Verlag

In der Musikwerkstatt

Wie sind die Melodien unserer Lieder gemacht?

Eine Melodie kann sich so bewegen:

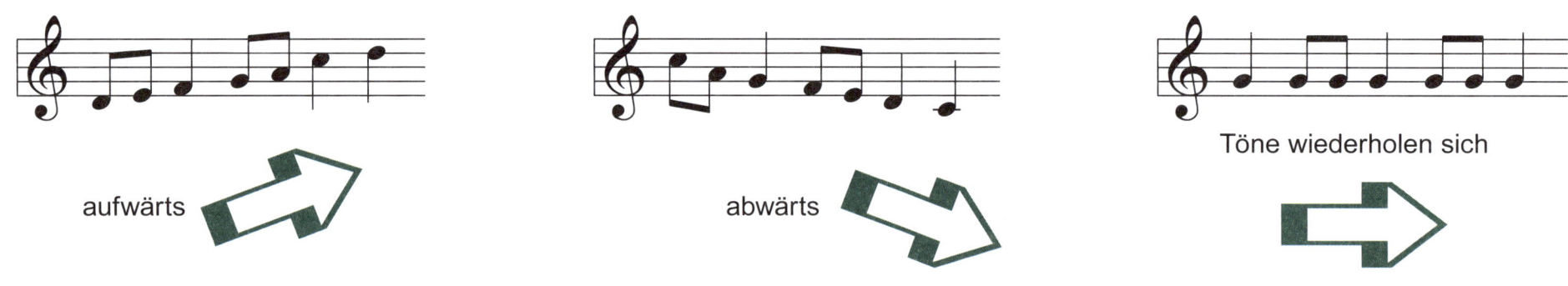

Wie bewegen sich die Töne dieser Melodie?
Zeichne die Pfeile ein!

Erfinde selbst!

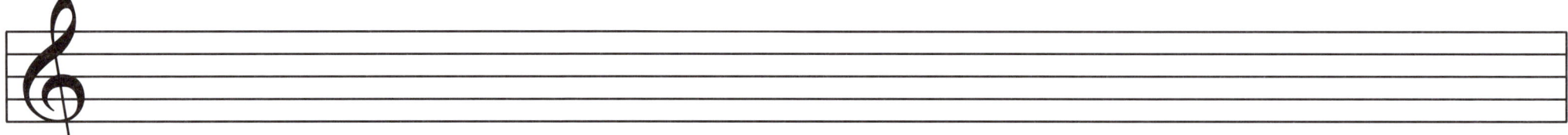

Spiele deine Melodie vor! Deine Mitspieler zeigen mit den Händen oder malen auf, wohin sich die Töne bewegen.

Freude, schöner Götterfunken

T.: Friedrich Schiller
M.: Ludwig van Beethoven

Ludwig van Beethoven wurde 1770 in Bonn als Sohn eines Sängers der kurfürstlichen Hofkapelle geboren. Sein Vater erkannte schon früh seine musikalische Hochbegabung und erteilte ihm den ersten Musikunterricht. Ludwig lernte auch bei Christian Gottlieb Neefe das Klavier- und Orgelspiel, kurze Zeit war er auch Schüler von Mozart und Haydn.
Nach dem frühen Tod seiner Mutter sorgte er für seine beiden jüngeren Brüder.
1792 zog er dann nach Wien und erregte dort durch sein ausdrucksstarkes Klavierspiel großes Aufsehen. Ludwig van Beethoven war der erste Komponist, der ohne feste Anstellung als freischaffender Künstler seinen Lebensunterhalt verdienen konnte.
Mit ungefähr 30 Jahren machte dem großartigen Musiker ein Ohrenleiden große Sorgen.
Trotz Medikamenten und Kuren wurde es nicht besser und so wurde er allmählich taub.
Da er nun niemanden mehr verstehen konnte, zog er sich von den Menschen zurück und wurde sehr einsam. Doch sein inneres Ohr blieb ihm erhalten, so dass er weiterhin komponieren konnte, manchmal sogar spielte oder dirigierte.
Er starb 1827 in Wien.
Sein Lebenswerk umfasst 9 Sinfonien, die Oper „Fidelio", viele Sonaten, Lieder, Messen und Kammermusik.

Die Blockflötensprache – Artikulation

Mit deiner Blockflöte kannst du die Töne verschieden klingen lassen, so wie du mit deiner Stimme verschieden sprechen kannst:
lang, kurz, hart, weich, breit, leiernd oder hüpfend.

Legato

Portato

Legato: Sind zwei oder mehrere Noten mit einem Bindebogen verbunden, dann blase nur die erste Note mit „dü" an. Die folgenden Noten werden nur noch durch deine Fingerbewegung gespielt, also nicht mehr jede Note anblasen. Achte darauf, dass sich beim Griffwechsel die Finger schnell genug und vor allem gleichzeitig bewegen. Es soll kein „Klappern" zu hören sein. Drücke keine Luft nach: dü-hüd.

So spielst du die Töne gebunden:

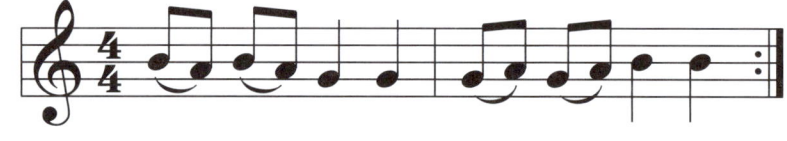

Singe dieses Lied und spüre das Legato und Portato in deiner Stimme:

T./M.: Karin Schuh
Ingrid Behrens

© by Schuh Verlag

Die Drehorgel

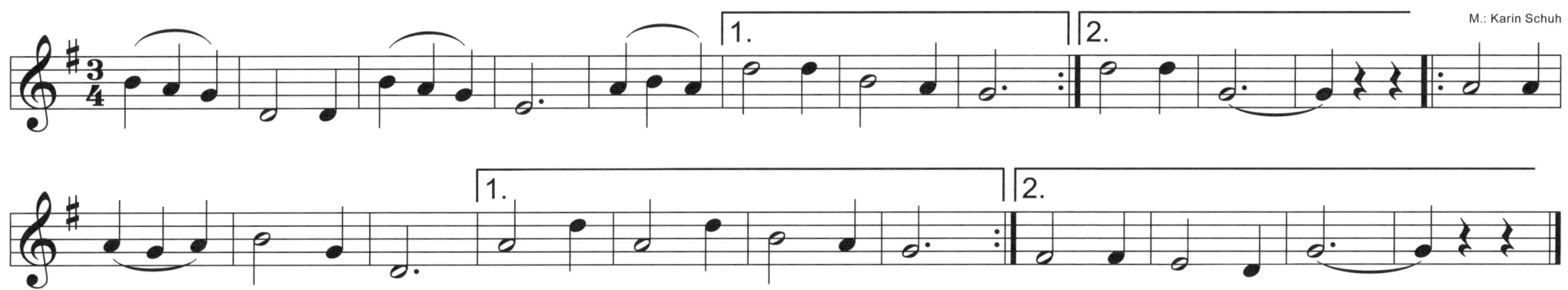

M.: Karin Schuh

Auf, auf zum fröhlichen Jagen

M.: volkstümlich aus Kärnten

Wähle ein Stück aus dem Liederkarussell (Seite 2 bis 5) aus.
Überlege, wo sich das Legato-Spiel anwenden lässt.

© by Schuh Verlag

Neues in der Blockflötensprache

Staccato

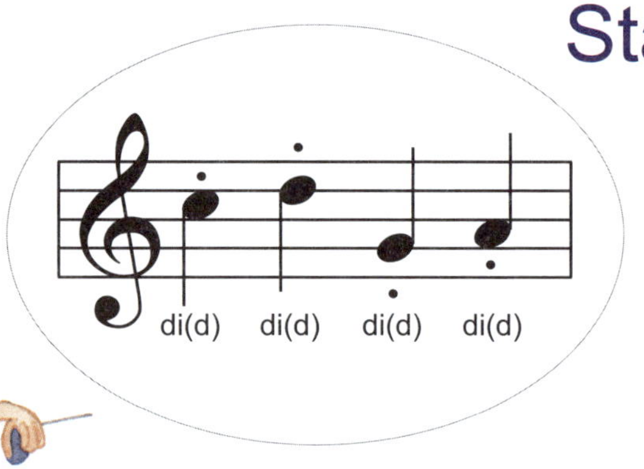

Staccato: Jeder Ton wird mit einem kurzen „di(d)" angestoßen. Dadurch entsteht zwischen den Tönen eine Pause, in der die Luft angehalten wird. Die Töne erklingen kurz, sollen aber weiterhin weich bleiben.

Sprich / flüstere so:

. . — —
di(d) di(d) dü(d) dü(d)

. . — —
di(d) di(d) dü(d) dü(d)

Erfinde selbst:

Mein Flummi

M.: Karin Schuh

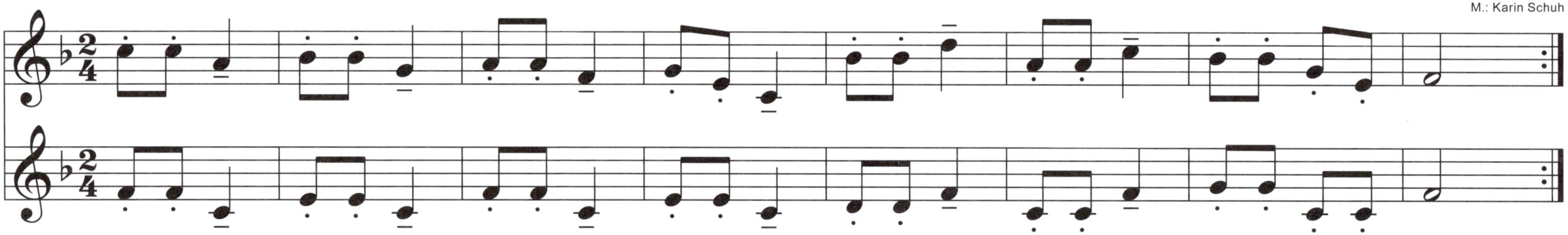

Magst du Popcorn?

M.: Karin Schuh

Der Hase Augustin

M.: Karin Schuh

Das hohe e″

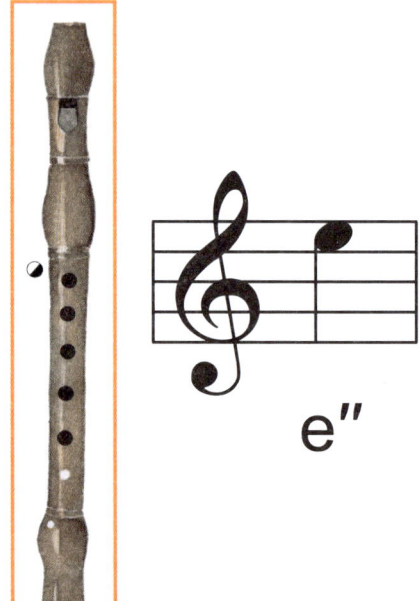

e″

Tipp zum Spiel des hohen e″:

Greife das hohe e″, dann lasse den Daumen sanft etwas nach unten gleiten, dabei wird an der linken Seite der Daumenkuppe das Daumenloch einen Spalt breit geöffnet.
Die Daumenbewegung darf man den vorderen Fingern auf der Flöte nicht ansehen.

Tiefe Töne   **Hohe Töne**

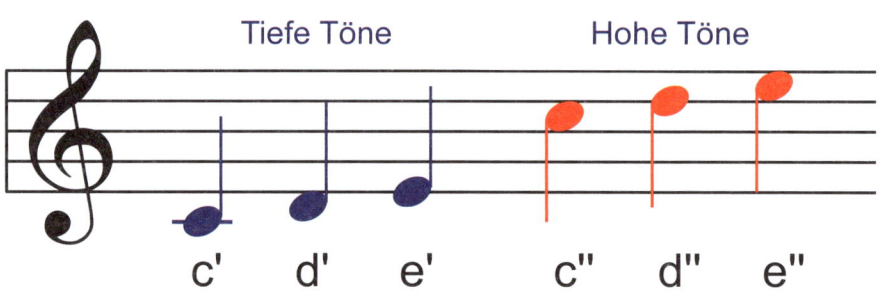

c' d' e' c″ d″ e″

Notiere mit gleichen Farben!

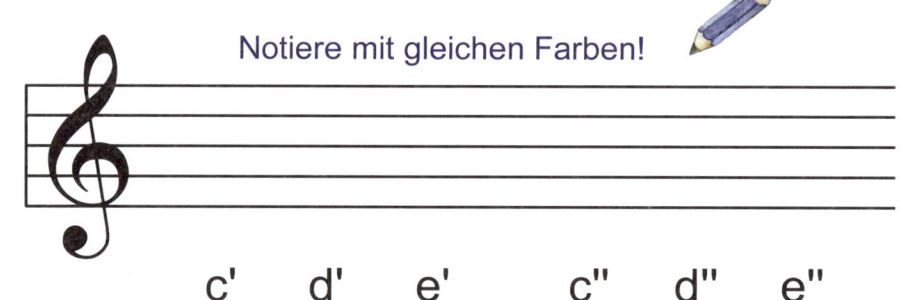

c' d' e' c″ d″ e″

Übungen

1

2

3

Der Bumerang — Ein Lied zum Vor- und Rückwärtsspielen

M.: Karin Schuh

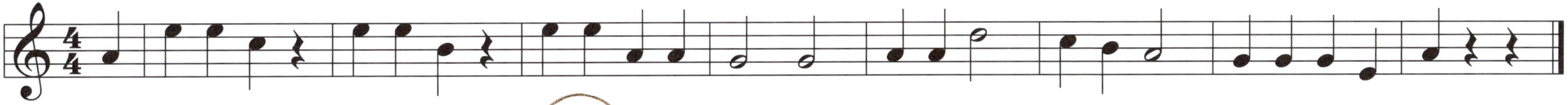

Bemale mit bunten Farben!

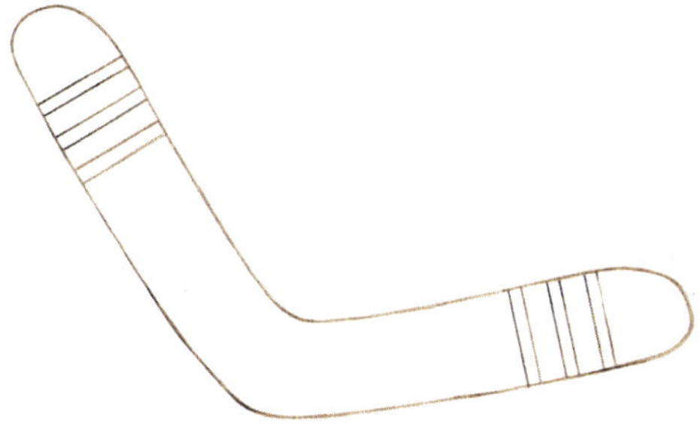

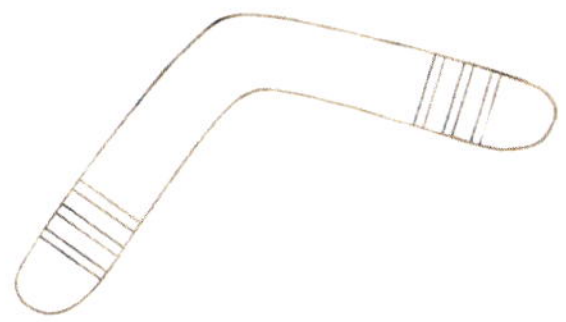

⌒ = Fermate

Der Ton wird über seinen normalen Wert hinaus gehalten.

He, ho! (Kanon)

M.: Volksweise aus England

He, ho! Spann den Wa-gen an! Sieh, der Wind treibt Re-gen ü-bers Land! Hol die gold-nen Gar-ben, hol die gold-nen Gar - ben!

(Bei Ende des Kanons das Wort Garben mit hohem e" spielen.)

Wollt ihr wissen, wie der Bauer

M.: Volksweise

© by Schuh Verlag

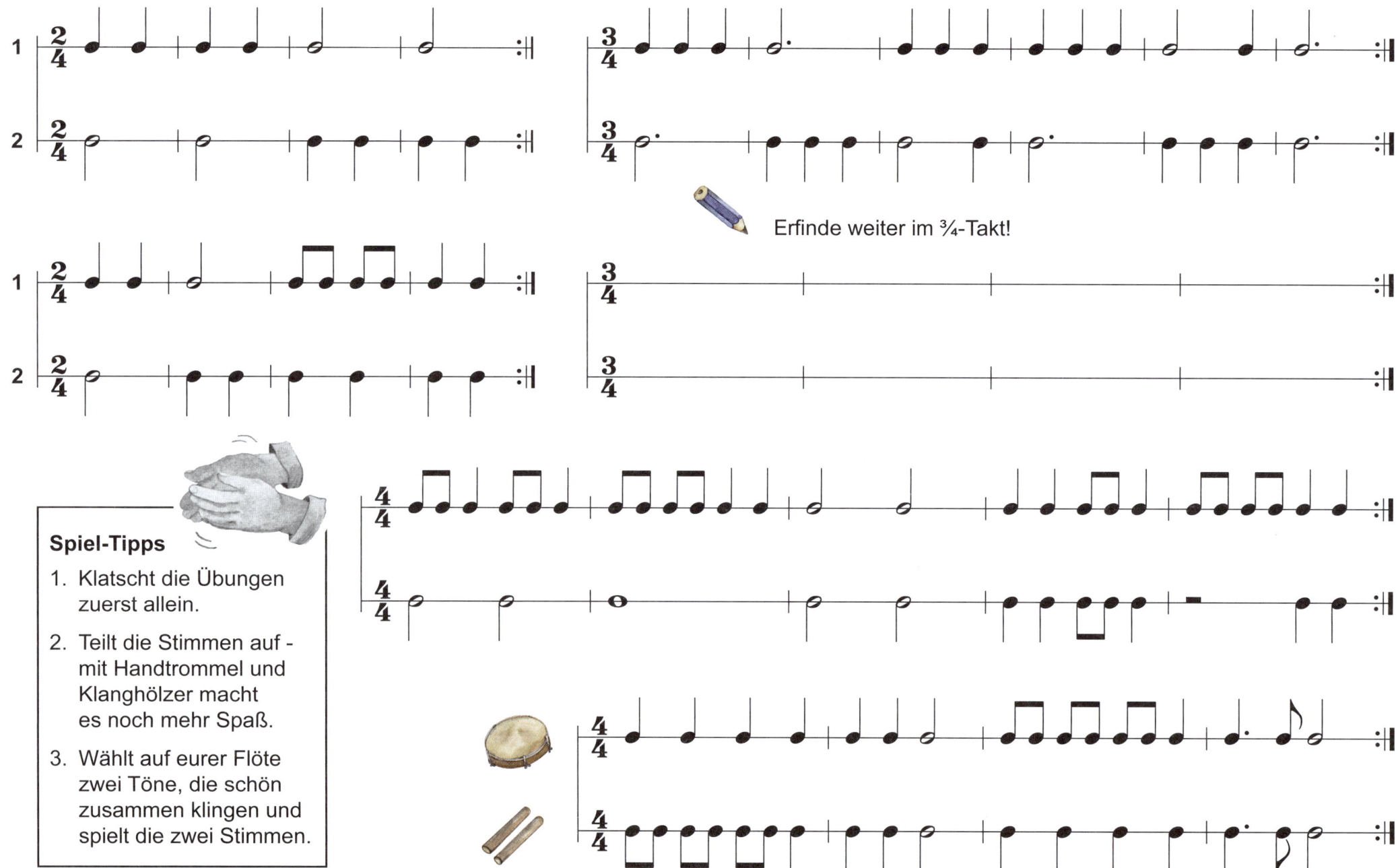

Spiel für zwei

M.: Karin Schuh

Duett

M.: Karin Schuh

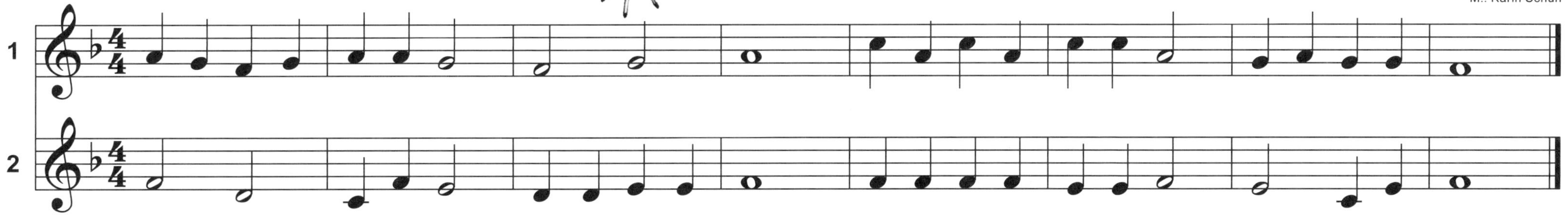

© by Schuh Verlag

Bei den Wikingern

M.: Ingrid Behrens

Alle, die mit uns auf Kaperfahrt fahren

M.: traditionell aus Flandern

Mein Schiff... (Rätsel)

S _ LT S _ N _ LL WI _ R WIN _

_ _ _ _ _ _   _ _ _ _ _ _ _   _ _ _   _ _ _   _ _ _ _

Bemale die Schiffe!

Von Wind und Wellen

Mit deinem Atem kannst du die Wikingerschiffe in Bewegung bringen. Beginne mit einer leichten Brise und lasse dann den Wind immer stärker werden. In der Musik gibt es dafür dieses Zeichen:

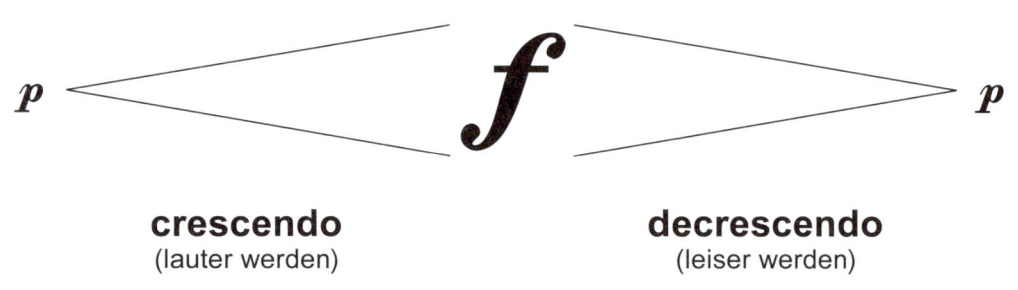

Probiere, dieses An- und Abschwellen mit deiner Flöte (oder deinem Flötenkopf) zu spielen.

crescendo
(lauter werden)

decrescendo
(leiser werden)

p = piano – leise
f = forte – stark

Je nach Windstärke bewegen sich die Wellen:

Windstille

leichter Wellengang

Sturm

2. Spieler

1. Spieler

Winde wehn

M.: Finnisches Seemannslied

Win-de wehn, Schif-fe gehn weit ins fer-ne Land und des Mat-ro-sen al-ler-lieb-ster Schatz bleibt wei-nend stehn am Strand.

© by Schuh Verlag

Atemspiele

Linsen tragen

Sauge mit einem Strohhalm eine Schokoladenlinse an und trage sie so einmal um den Tisch.

Sandvulkan

Fülle etwas feinen Sand (Vogelsand geht am besten) so auf eine Untertasse, dass ein kleiner Berg entsteht. Mit einem Strohhalm bläst du vorsichtig von oben auf den Berg und lässt so einen Vulkankrater entstehen.

Geheimschrift

Stelle dich nahe an ein großes Fenster oder an einen Spiegel. Versuche, mit deinem Atem Buchstaben auf das Glas aufzumalen:

C D E F G A H C

Kerzentanz

Blase die Flamme einer Kerze so vorsichtig an, dass sie zwar flackert, aber nicht erlischt.

ACHTUNG!
Nur mit einem Erwachsenen zusammen spielen!

Seifenblasen

Versuche, die Seifenblasen so groß wie möglich zu formen. Je ruhiger und gleichmäßiger du bläst, desto größer werden sie.

Der 3/8 und 6/8 Takt

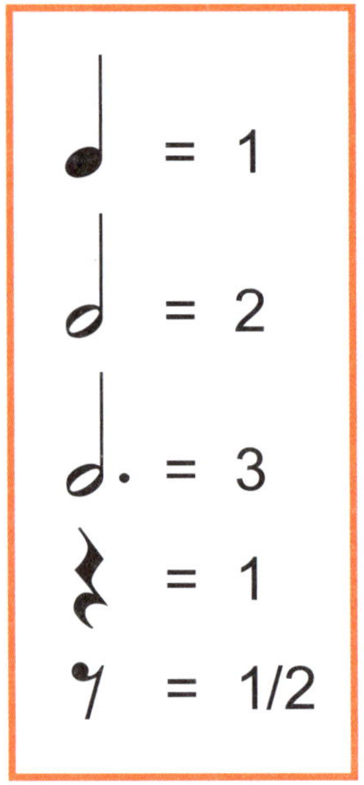

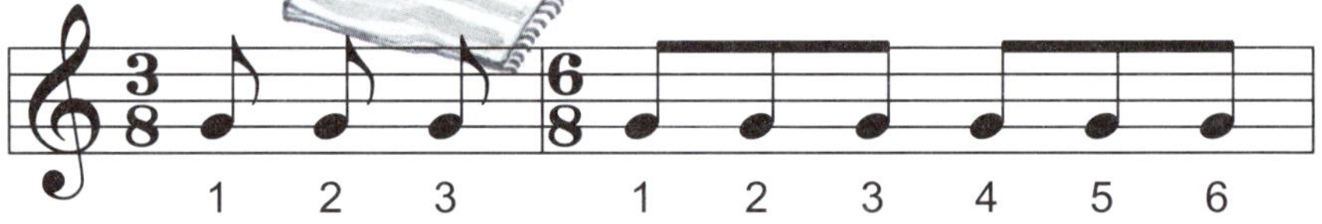

♩ = 1
𝅗𝅥 = 2
𝅗𝅥. = 3
𝄽 = 1
𝄾 = 1/2

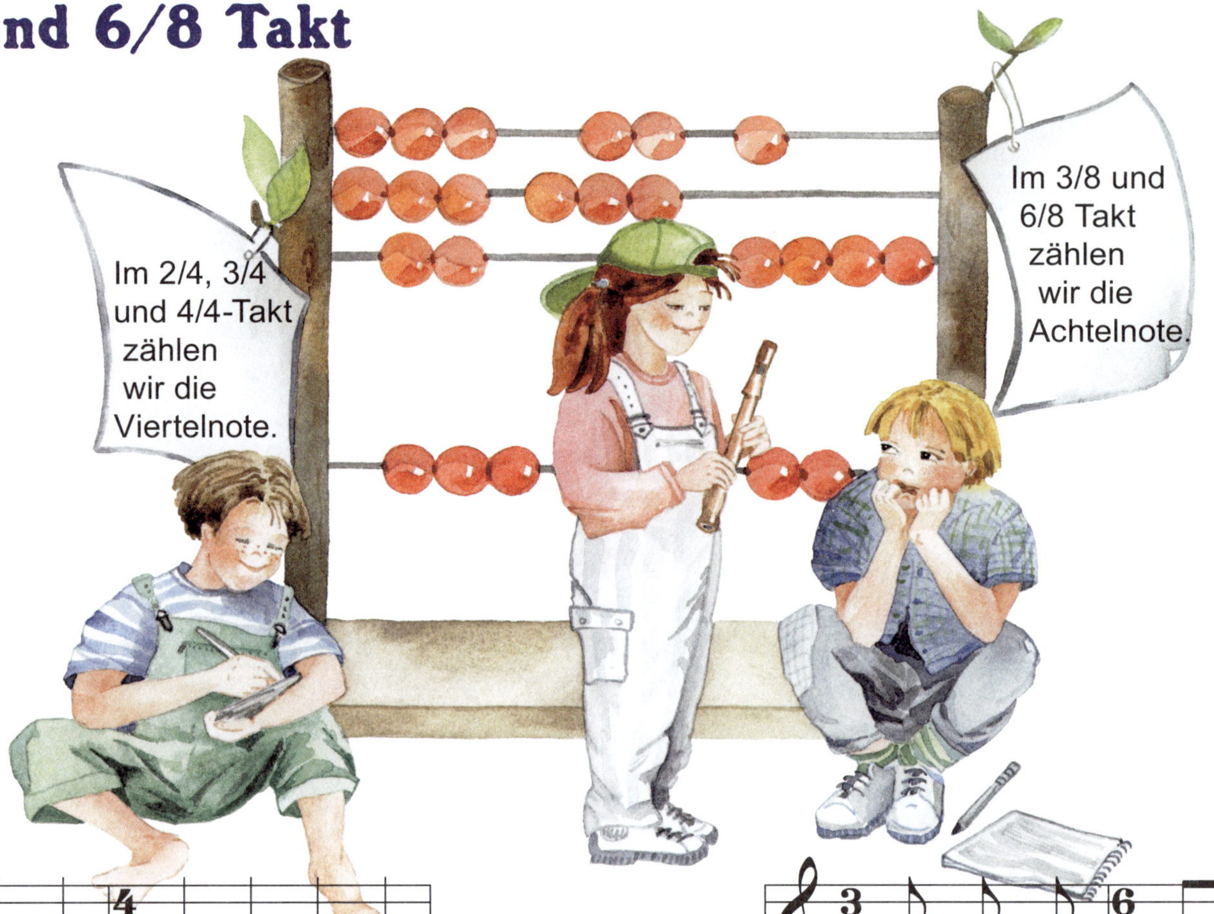

Im 2/4, 3/4 und 4/4-Takt zählen wir die Viertelnote.

Im 3/8 und 6/8 Takt zählen wir die Achtelnote.

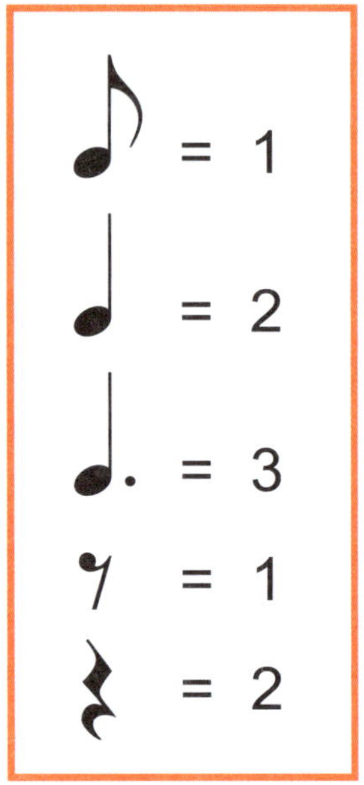

♪ = 1
♩ = 2
♩. = 3
𝄾 = 1
𝄽 = 2

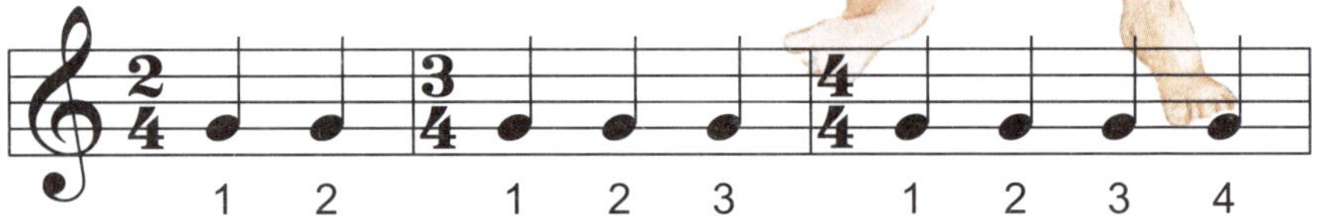

Für alle Taktarten gilt:

6/8 > Die obere Zahl sagt dir, wie viele Grundschläge in einem Takt sein sollen.
6/8 > Die untere Zahl sagt dir, welcher Notenwert der Grundschlag sein soll. Hier ist die Achtelnote Grundschlag.

Setze Taktstriche!
Klatsche / spiele die Übungen.

Für flotte Rechner

Aus Mexiko

M.: Volksweise
Satz: Uwe Schuh

Rhythmusübung

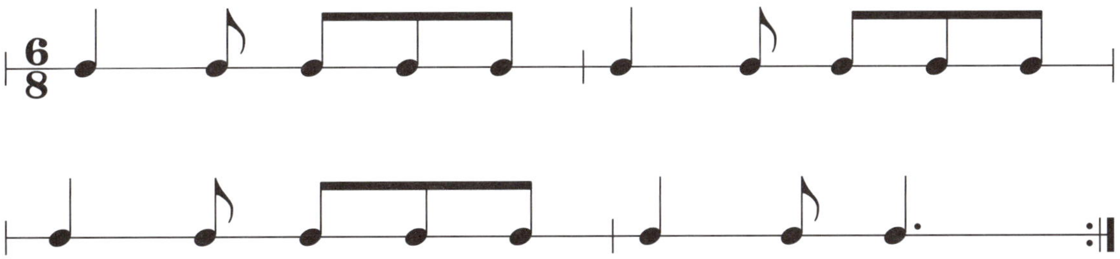

Tanzlied aus Griechenland

 Zum Knobeln!

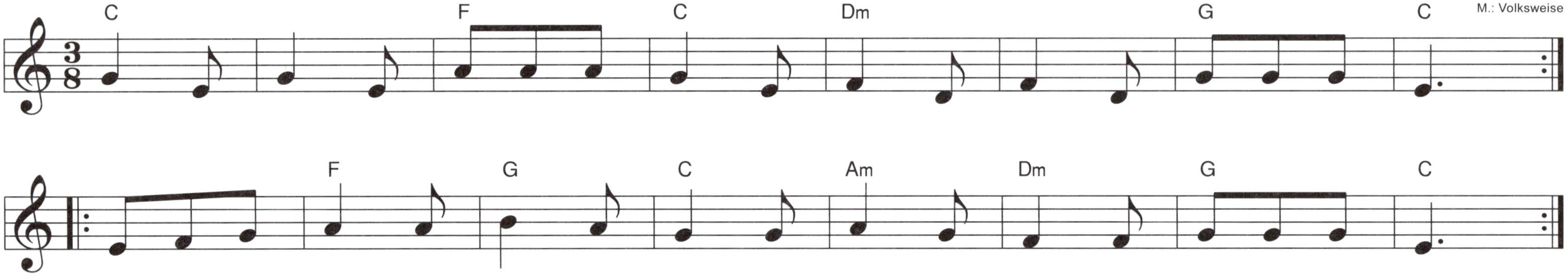

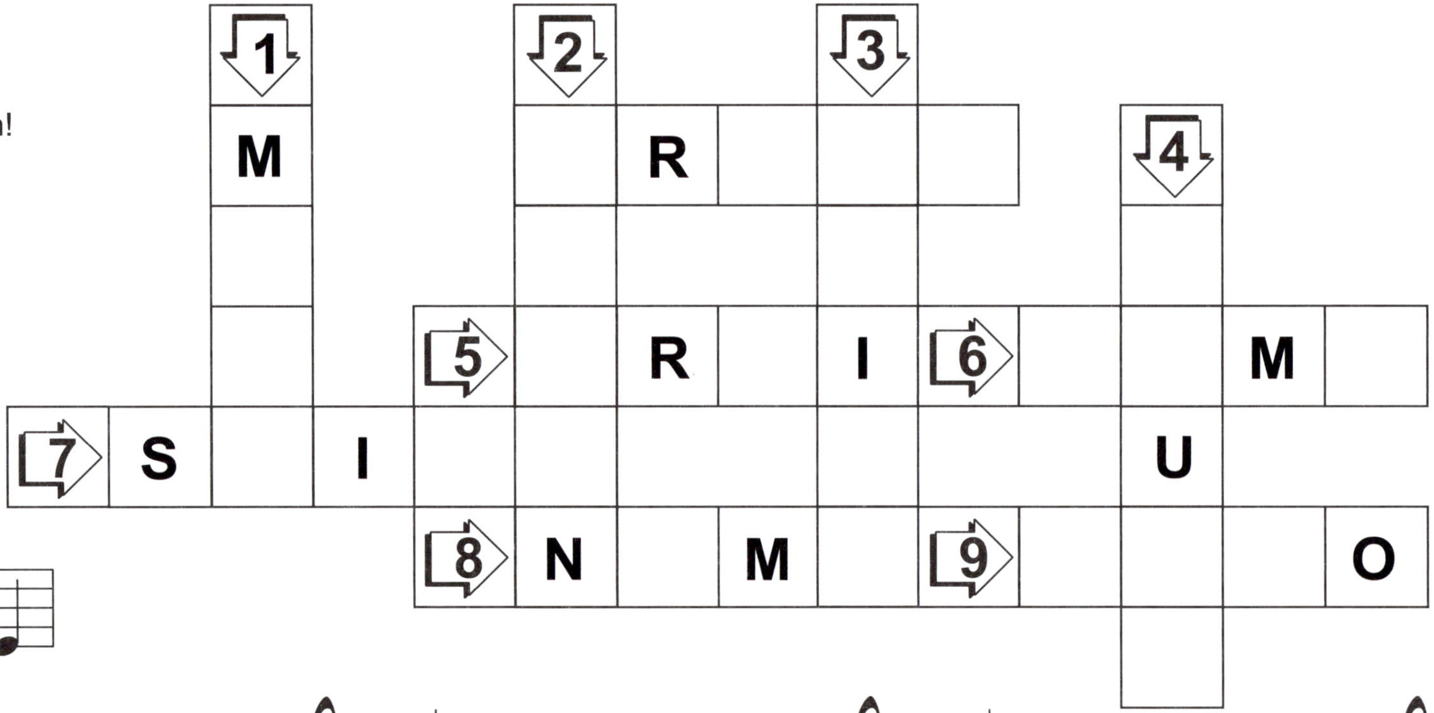

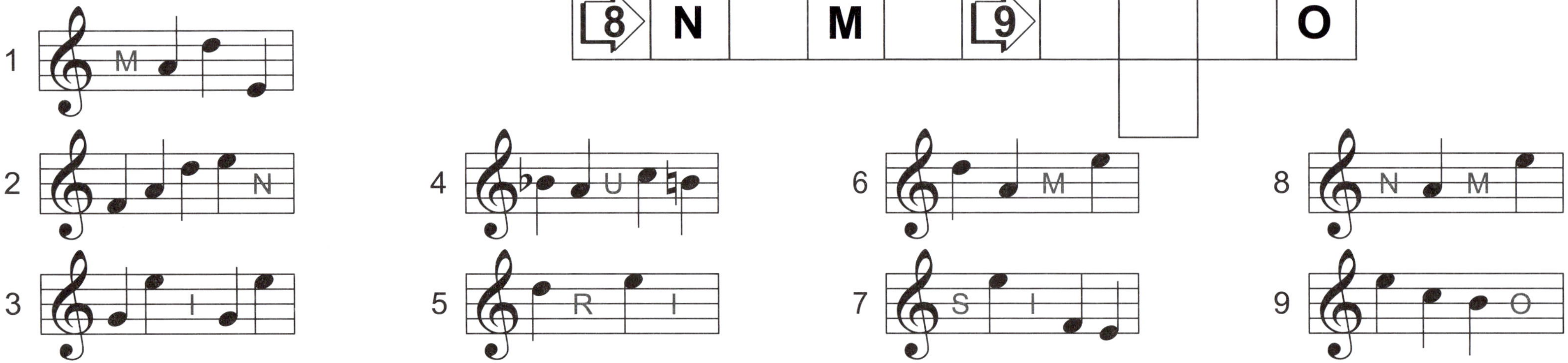

Pipers Fancy

M.: traditionell aus Irland

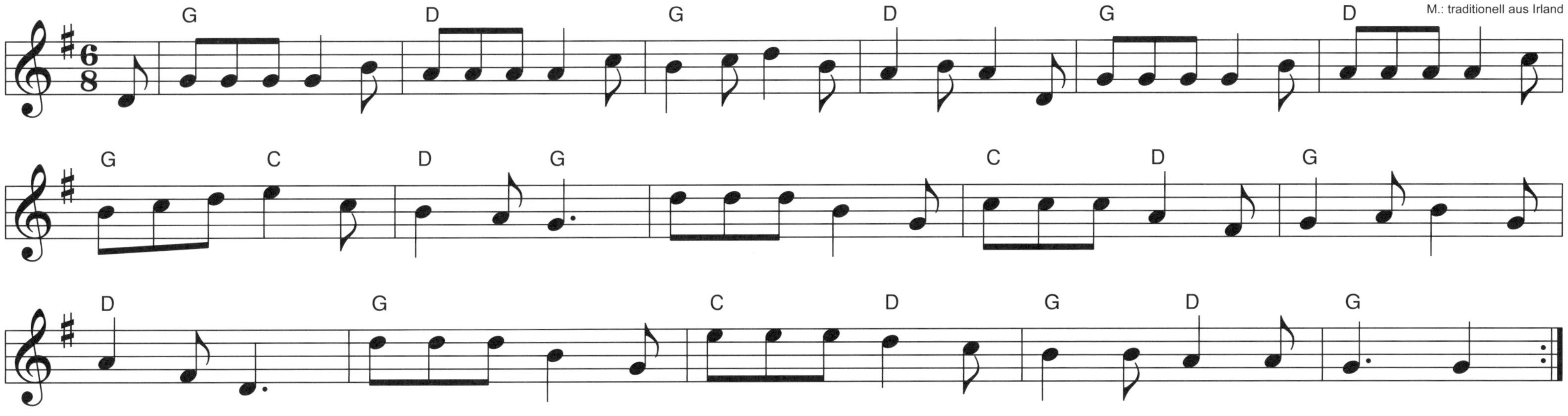

My Bonnie is over the ocean

M.: traditionell aus Schottland

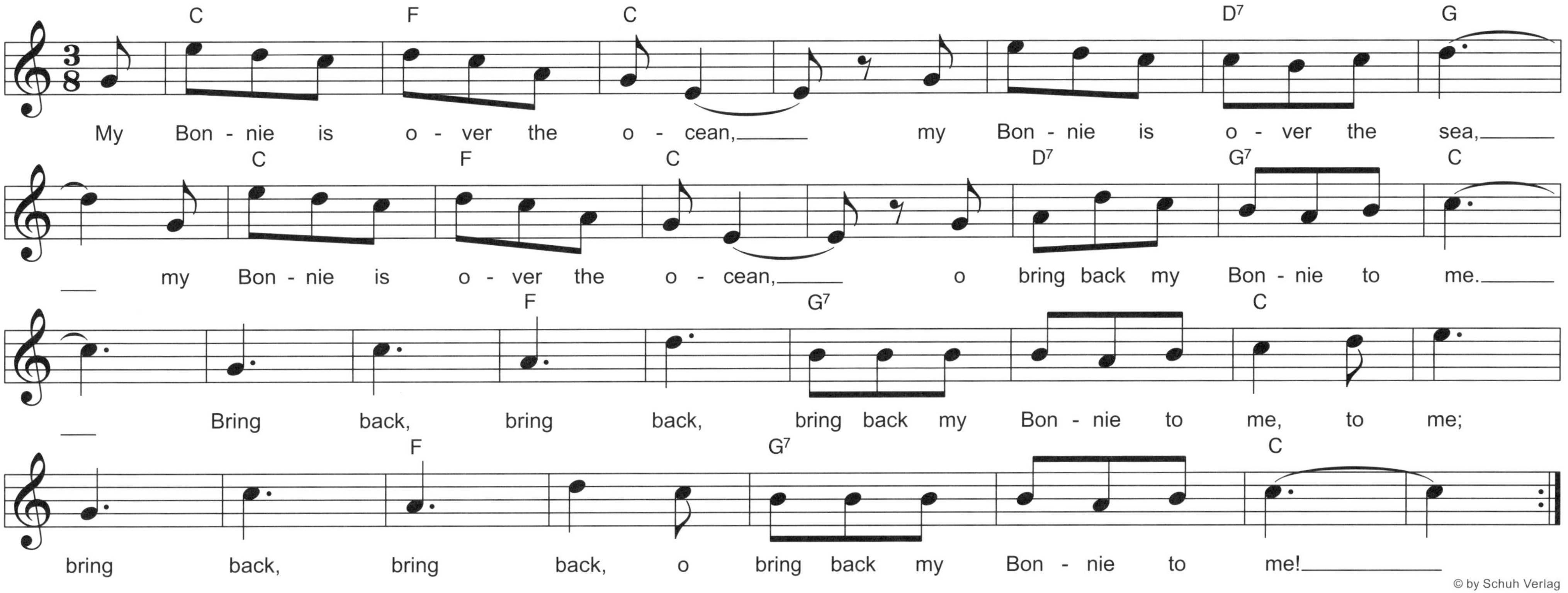

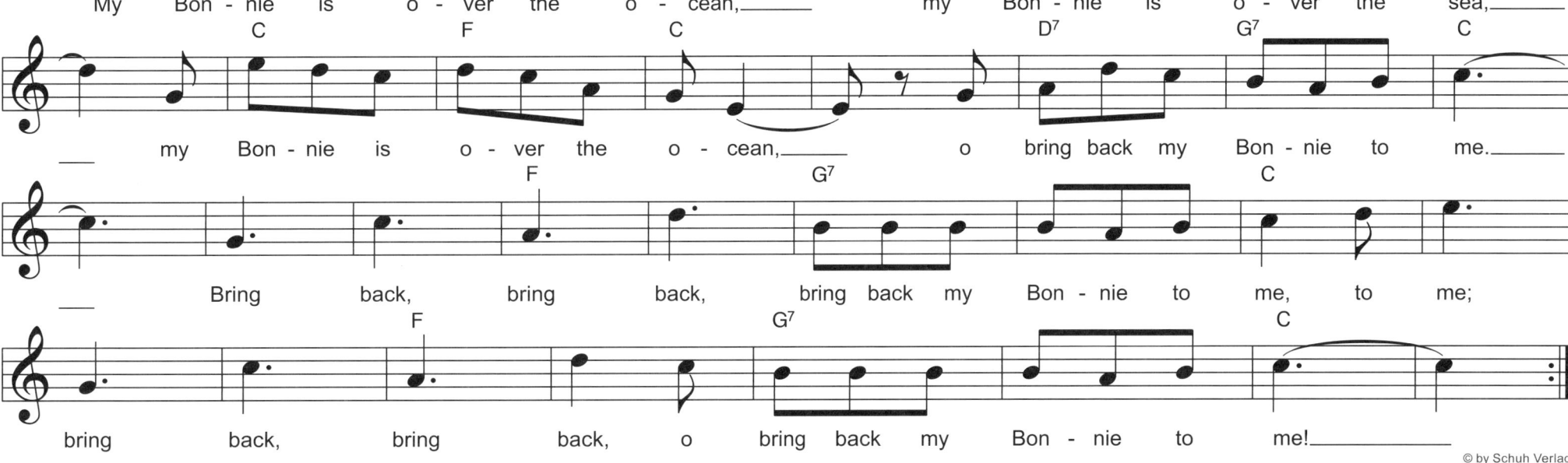

© by Schuh Verlag

Barocke Griffweise

f"

Das hohe f"

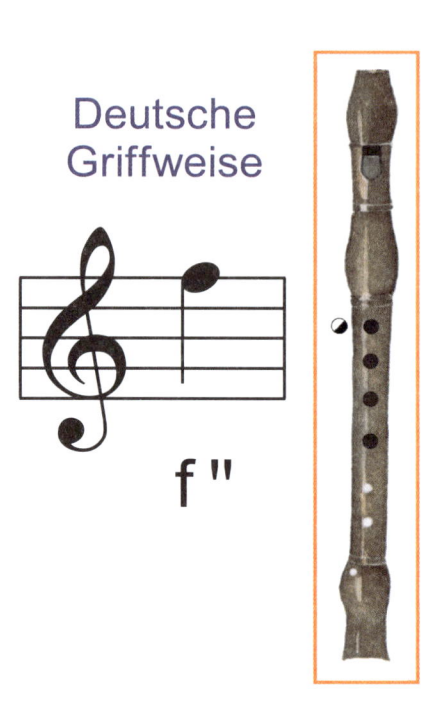
Deutsche Griffweise

f"

Die F-Dur Tonleiter

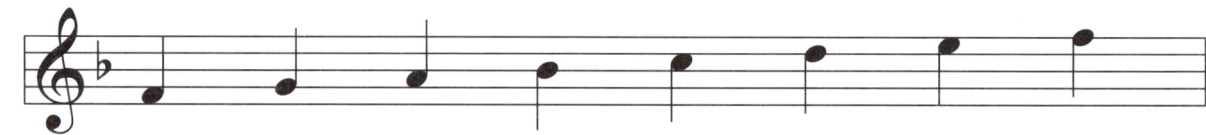

 Notiere eine Zeile f"!

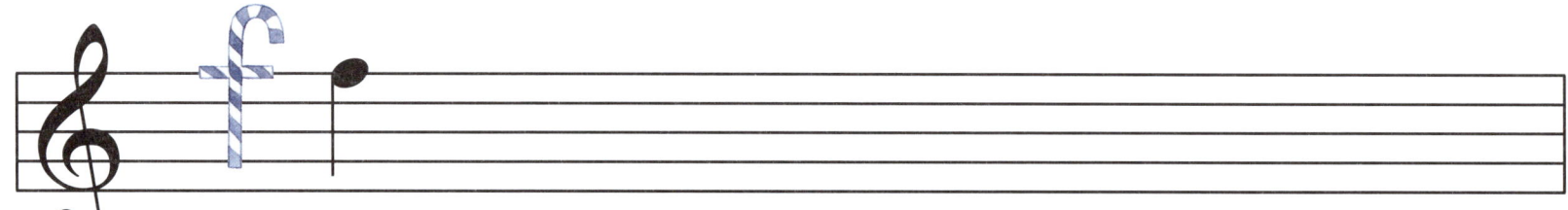

Der Komponist

Übe jedes Kärtchen! So lernst du, das hohe f " sicher zu spielen.
Schneide dann jedes Kärtchen entsprechend der Linien aus und lege sie in eine Reihe deiner Wahl.
Anfang- und Schlusstakt sind vorgegeben – eine schöne Melodie entsteht. Probiere verschiedene Möglichkeiten aus.
Wenn du deine Traum-Melodie komponiert hast, nummeriere die Kärtchen ◯, damit du sie
in der nächsten Unterrichtsstunde vorspielen kannst.
Deine Kärtchen kannst du in einem Briefumschlag aufbewahren.

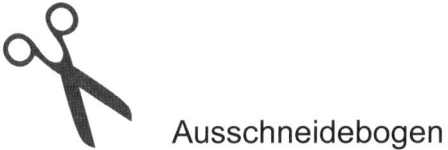

Ausschneidebogen

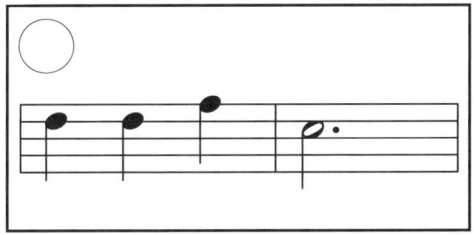
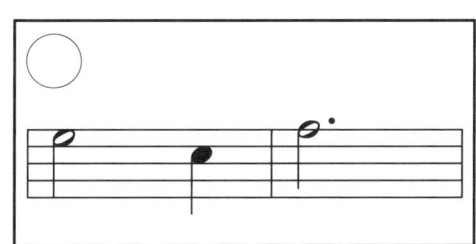

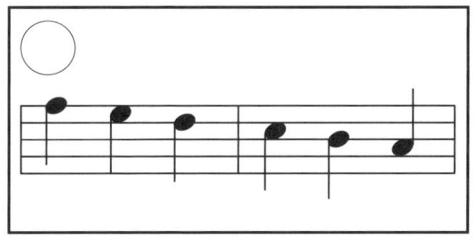
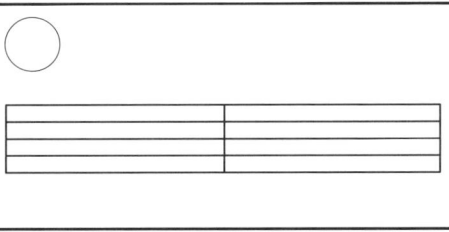
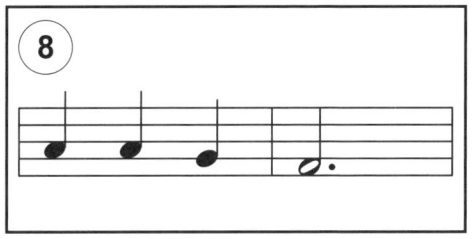

Wann und wo (Kanon)

Wann und wo, wann und wo, se-hen wir uns wie-der und sind froh?

Aus England

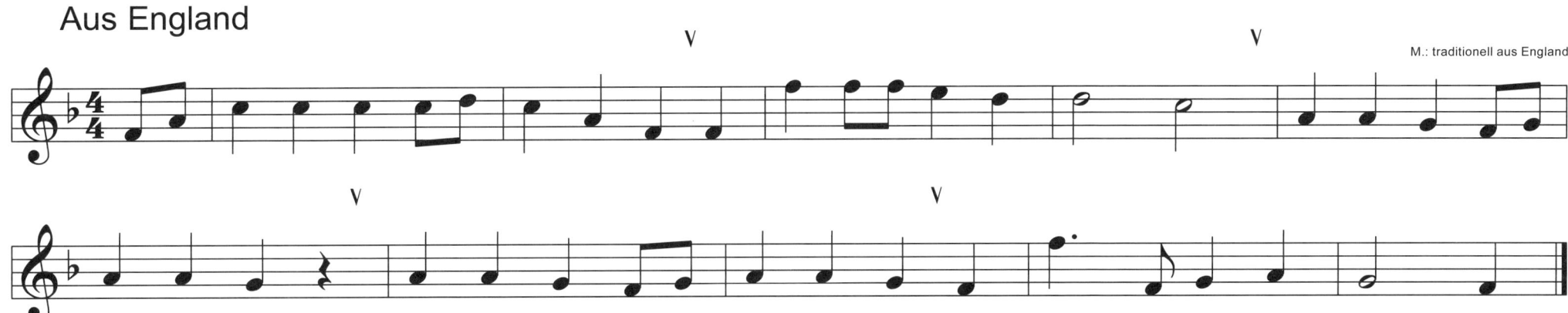

Versuche, nur an den V Atemzeichen zu atmen.
Spiele ruhig und gleichmäßig!

Das Lied vom Schneider

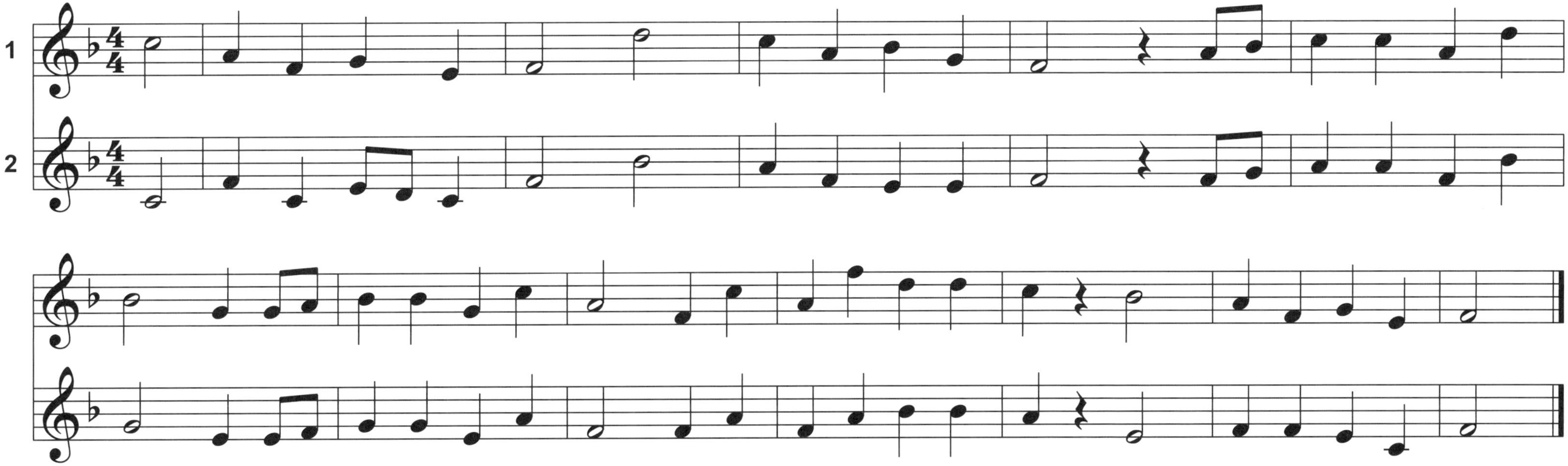

© by Schuh Verlag

Wettlauf

M.: Karin Schuh

Alter Tanz

M.: volkstümlich um 1600

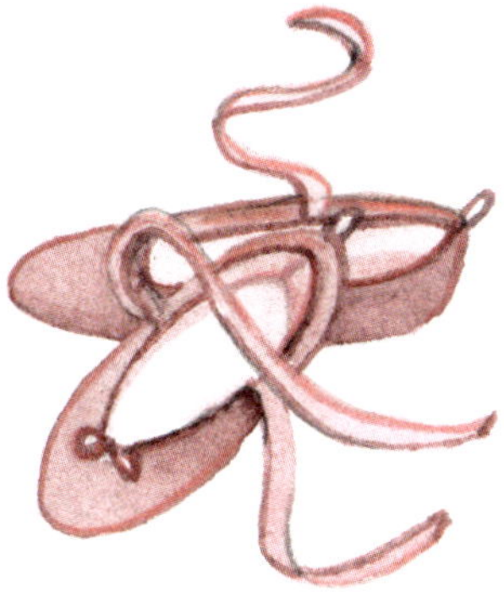

Leineweber

M.: altes fränkisches Volkslied

Kannst du bei diesem Stück die Atemstellen finden? Beachte dabei den Auftakt und setze die Atemzeichen ein!

Menuetto

M.: Joseph Haydn

Joseph Haydn wurde 1732 in Rohrau / Niederösterreich als erstes von 12 Kindern geboren. Mit 6 Jahren verließ er das Elternhaus, um als Chorknabe zunächst in Hainburg, dann im Wiener Stephansdom ausgebildet zu werden. Es wurde eine harte Zeit für Haydn.
Nach 9 Jahren, die er als Chorknabe verbrachte, wurde er wegen seines Stimmbruchs, aber auch wegen einem Dummejungenstreich, einfach davongejagt.
Als Tanzgeiger und Klavierlehrer verdiente er seinen Lebensunterhalt, bis er beim Grafen Morzin eine Stelle als Musikdirektor fand. Dort komponierte er seine ersten Sinfonien.
Als dieser Graf sein Vermögen verlor, trat Haydn sein neues Amt als Vizekapellmeister beim Fürsten Esterházy in Eisenstadt an. In den 30 Jahren, die er dort verbrachte, erwarb er sich große Anerkennung und Wertschätzung. Aus dem Diener wurde ein Meister, den die fürstlichen Herrschaften als Gleichgeordneten betrachten mussten.
1790 zog er nach Wien und unternahm von dort aus zwei Reisen nach London; er wurde überall anerkannt und sehr berühmt. 1809 starb er in Wien.
Joseph Haydn schrieb mehr als 100 Sinfonien (z.B. „Mit dem Paukenschlag" - siehe Seite 73), Streichquartette (aus dem „Kaiserquartett" stammt die Melodie der deutschen Nationalhymne), Oratorien (z.B. „Die Schöpfung", „Die Jahreszeiten").

© by Schuh Verlag

Wolfgang Amadeus Mozart wurde 1756 in Salzburg geboren. Bereits mit 4 Jahren malte er Noten und spielte Geige, ohne es gelernt zu haben. Mit 6 Jahren begann er an seinem Klavier zu komponieren. Als Wunderkind war Mozart von seinem 6. bis 22. Lebensjahr mit seinem Vater mehr als die Hälfte seines Lebens auf großen Konzertreisen. Überall spielte der junge Mozart vor begeistertem Publikum, doch unter den ungeheuren Anstrengungen dieser Reisen war er sehr oft krank. Trotz seiner Karriere als Wunderkind bekam er später als junger Mann keine feste Anstellung und hatte viele Geldsorgen. Oft hatte er nicht das Geld, um seine Familie zu ernähren. Schon mit 35 Jahren starb Mozart im Dezember 1791. Er hat uns über 600 Werke hinterlassen und er gehört zu den größten Komponisten aller Zeiten. Manche seiner Melodien berühren die Menschen so sehr, dass sie als „göttlich" oder „engelhaft" bezeichnet werden. Mozarts Werke: Kammermusik (z.B. „Eine kleine Nachtmusik"), Sinfonien, Singspiele, Opern (z.B. „Die Zauberflöte", „Die Entführung aus dem Serail").

Komm, lieber Mai

T.: Christian Adolph Overbeck
M.: Wolfgang Amadeus Mozart

Komm, lieber Mai und mache die Bäume wieder grün, und lass uns an dem Bache die kleinen Veilchen blühn! Wie möchten wir so gerne ein Blümchen wieder sehn, ach lieber Mai, wie gerne einmal spazieren gehn!

© by Schuh Verlag

Die Sechzehntelnoten und Sechzehntelpausen

Die Sechzehntelnoten

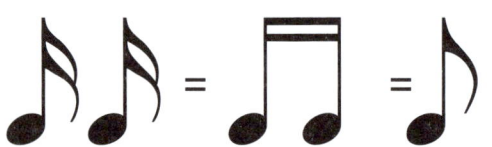

Sechzehntelnoten werden mit zwei Fähnchen oder mit zwei Balken geschrieben.

Die Sechzehntelpause

Klatsche und sprich:

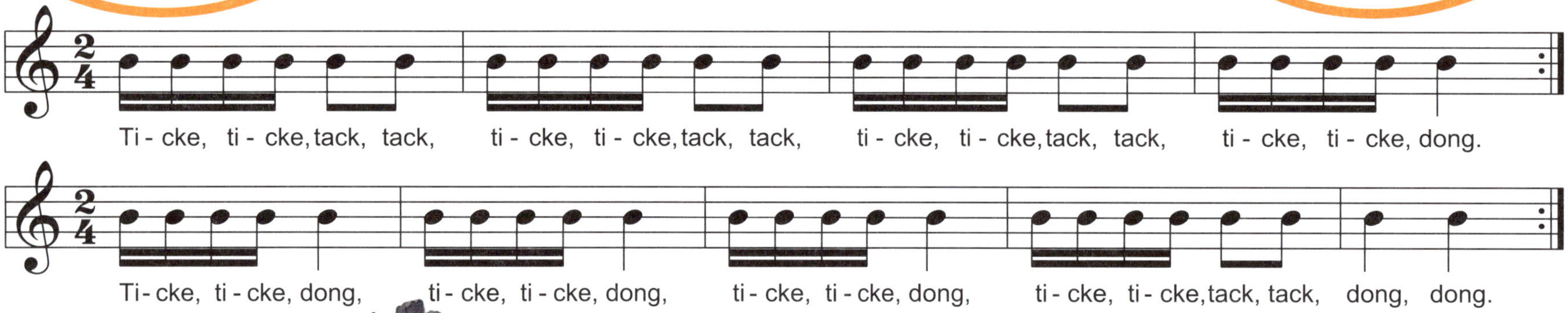

Ti - cke, ti - cke, tack, tack, ti - cke, ti - cke, tack, tack, ti - cke, ti - cke, tack, tack, ti - cke, ti - cke, dong.

Ti - cke, ti - cke, dong, ti - cke, ti - cke, dong, ti - cke, ti - cke, dong, ti - cke, ti - cke, tack, tack, dong, dong.

Die Jahresuhr

T./M.: Karin Schuh

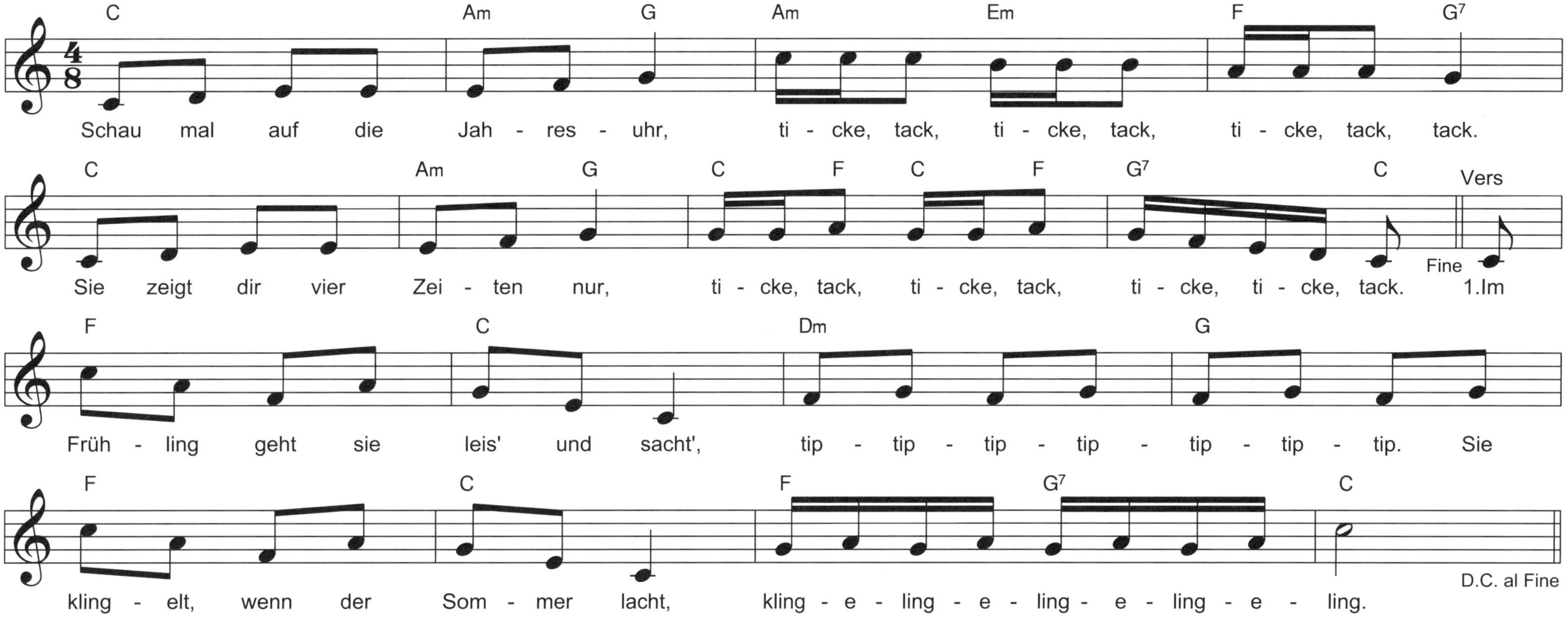
C Am G Am Em F G7
Schau mal auf die Jah - res - uhr, ti - cke, tack, ti - cke, tack, ti - cke, tack, tack.
C Am G C F C F G7 C
Vers
Fine
Sie zeigt dir vier Zei - ten nur, ti - cke, tack, ti - cke, tack, ti - cke, ti - cke, tack. 1.Im
F C Dm G
Früh - ling geht sie leis' und sacht', tip - tip - tip - tip - tip - tip - tip. Sie
F C F G7 C
D.C. al Fine
kling - elt, wenn der Som - mer lacht, kling - e - ling - e - ling - e - ling - e - ling.

Vers 2: Der Herbstwind pfeift mit ihr ein Lied (pfeifen), im Winter brummelt sie ganz tief: ding, dong, ding, dong, dong.

Atte katte nuwa

M.: volkstümlich aus Lappland

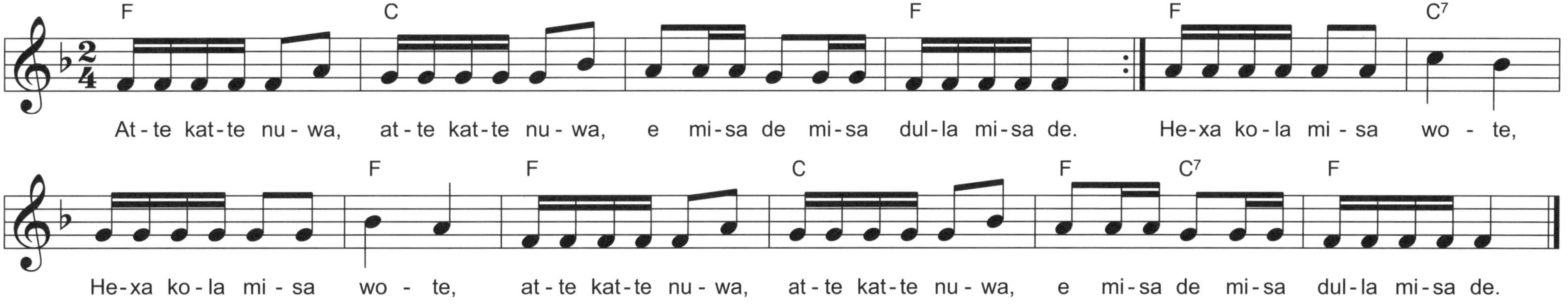
F C F F C7
At - te kat - te nu - wa, at - te kat - te nu - wa, e mi - sa de mi - sa dul - la mi - sa de. He - xa ko - la mi - sa wo - te,
F F C F C7 F
He - xa ko - la mi - sa wo - te, at - te kat - te nu - wa, at - te kat - te nu - wa, e mi - sa de mi - sa dul - la mi - sa de.

Auf einem Baum ein Kuckuck

M.: traditionell

Das bucklige Männlein

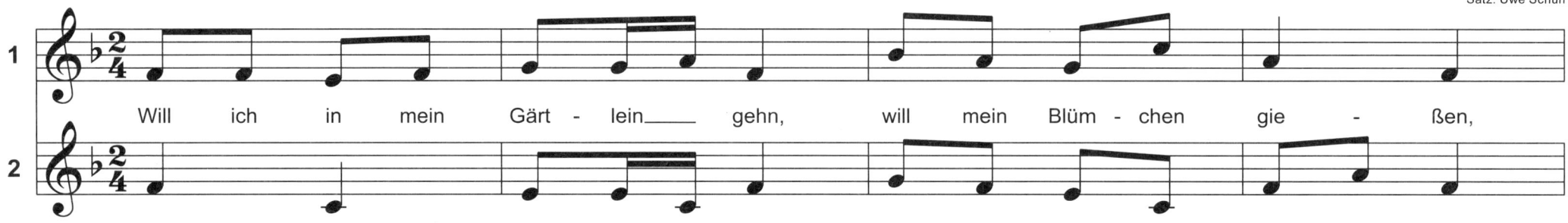

M.: Volksweise
Satz: Uwe Schuh

Will ich in mein Gärt - lein gehn, will mein Blüm - chen gie - ßen,
steht ein buck - lig Männ - lein da, fängt gleich an zu nie - sen.

Netukei

M.: traditionell aus Tschechien

Von Luzern uf Wäggis zue

M.: Volksweise aus der Schweiz

F Gm C7 F Gm C7 F
Von Lu-zern uf__ Wäg-gis zue, hol-la-di-hi-a, hol-la-di-o, brucht ma we-der_Strümpf noch Schueh, hol-la-di-hi-a-ho.
B F C7 F B F C7 F
Hi-a hol-la-di-hi-a, hol-la-di-hi-a, ho-la-di-o, hi-a hol-la-di-hi-a, hol-la-di-hi-a-ho!

Lustiges Stück

M.: Leopold Mozart

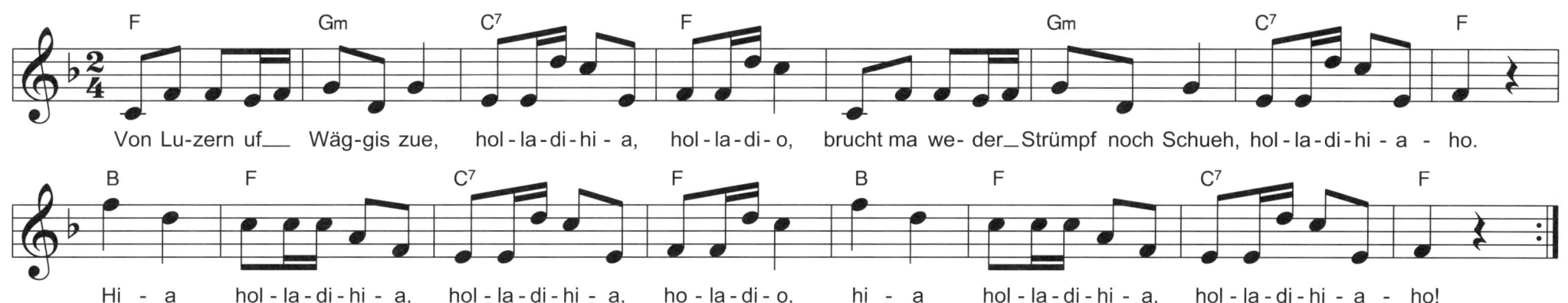

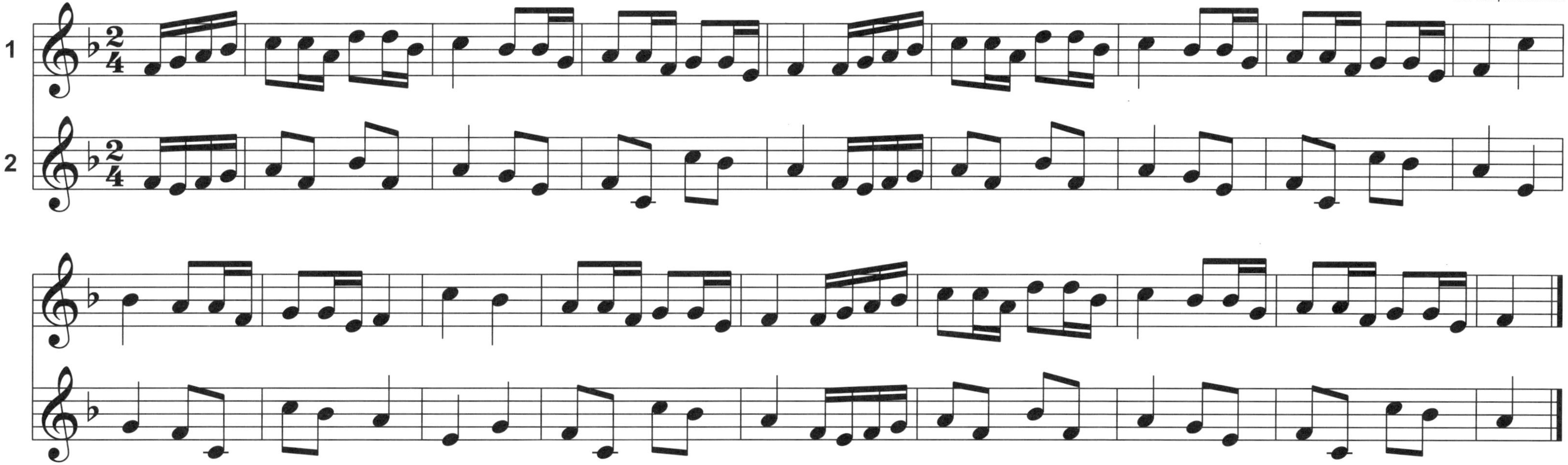
1
2

Marsch

M.: Karin Schuh

Irische Melodie

M.: Melodie aus Irland

© by Schuh Verlag

Ländlicher Tanz

M.: Uwe Schuh

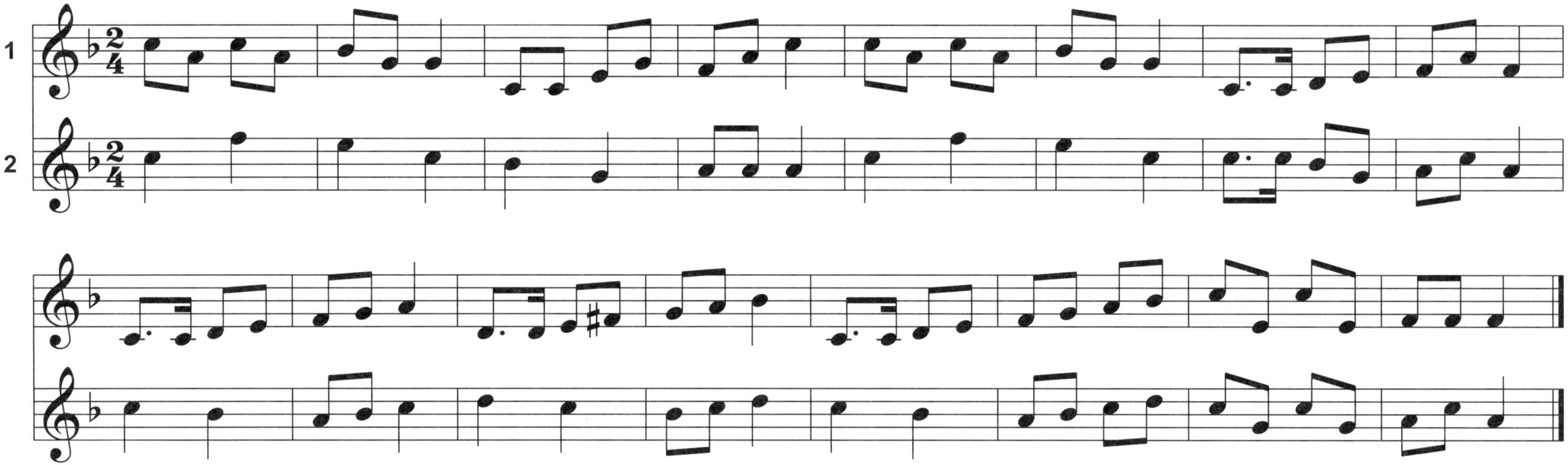
1
2

Heißa Kathreinerle

M.: Volkslied

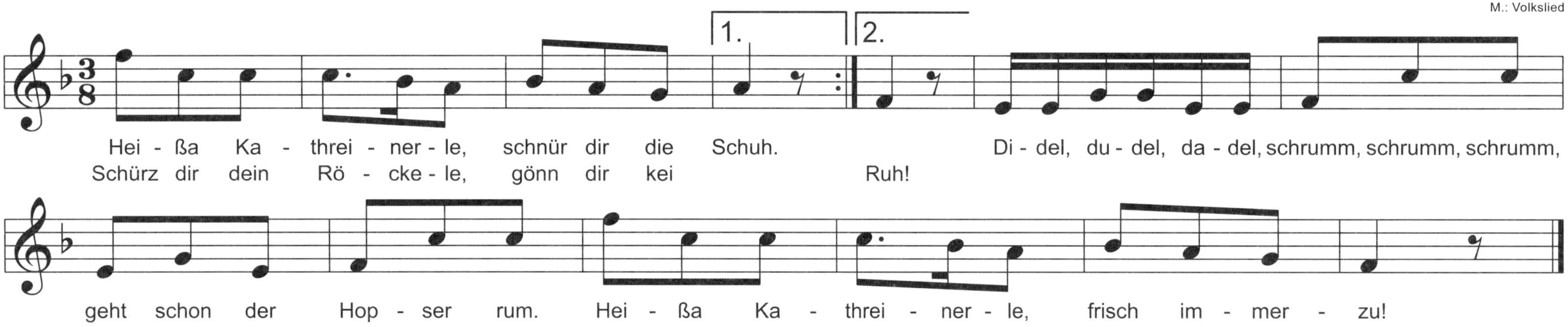
1.
2.
Hei - ßa Ka - threi - ner - le, schnür dir die Schuh. Di - del, du - del, da - del, schrumm, schrumm, schrumm,
Schürz dir dein Rö - cke - le, gönn dir kei Ruh!
geht schon der Hop - ser rum. Hei - ßa Ka - threi - ner - le, frisch im - mer - zu!

Kommt, ihr Gspielen

M.: Melchior Frank

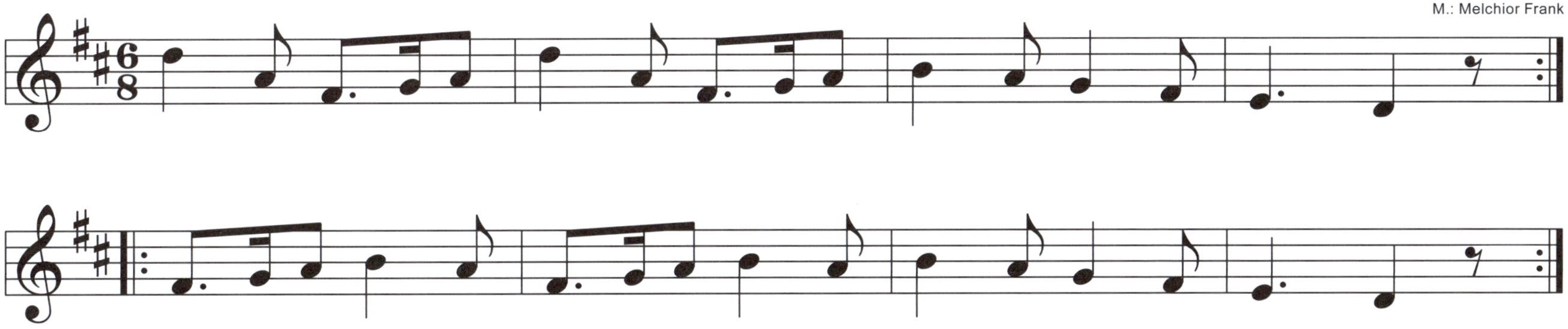

Zum Knobeln!

1 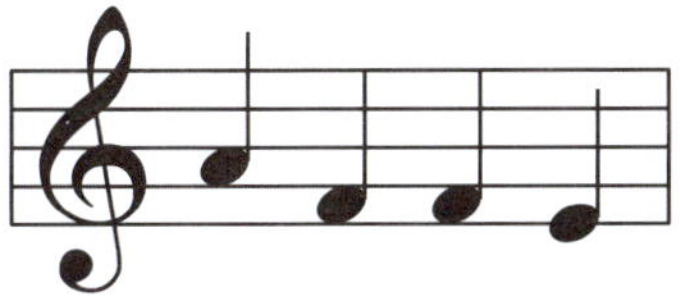

2 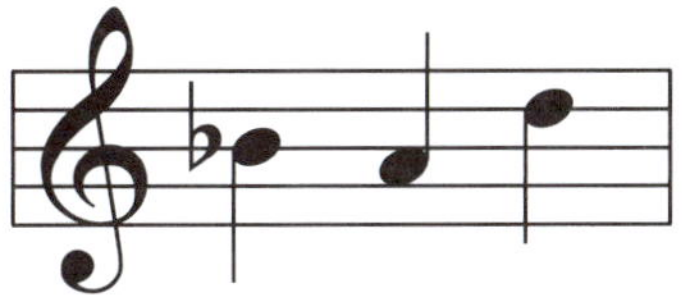

3 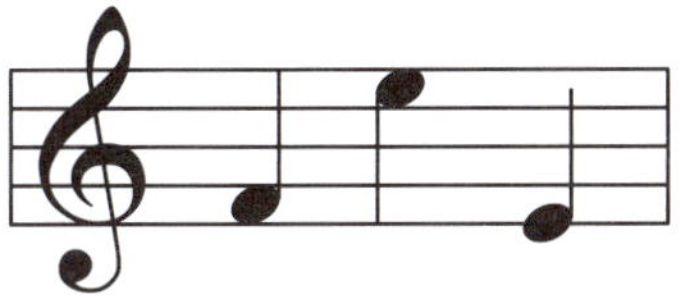

4 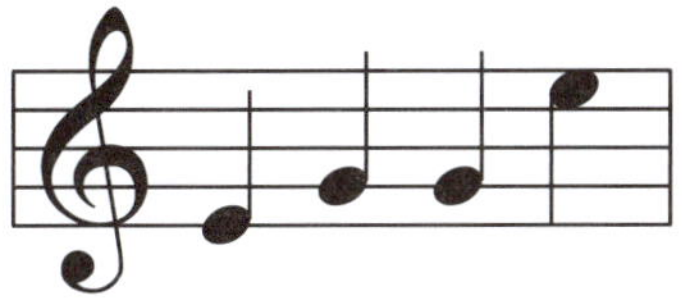

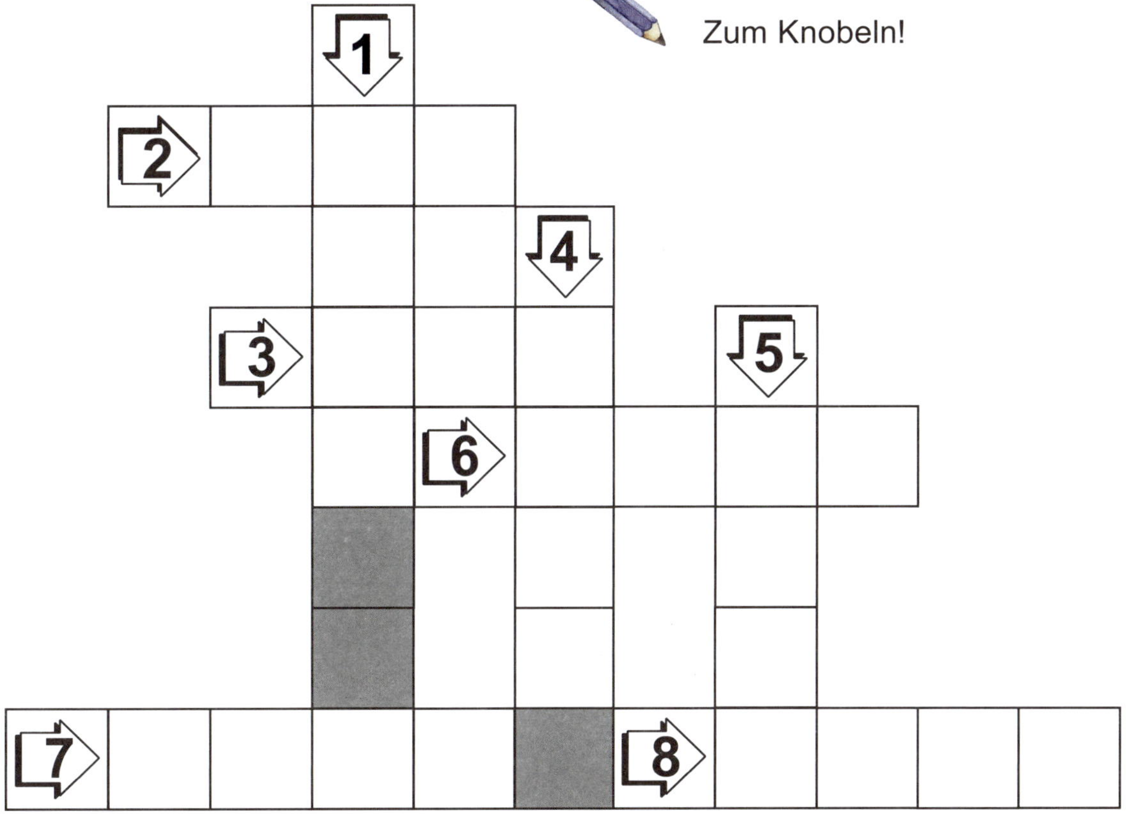

5 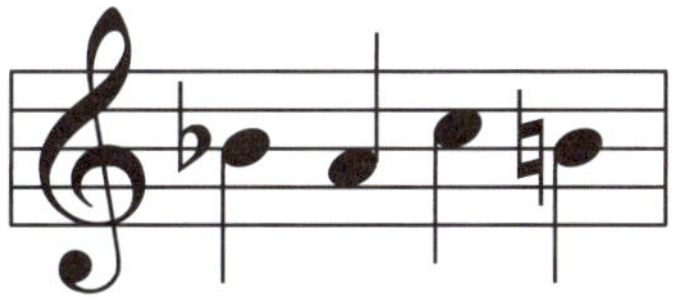

6 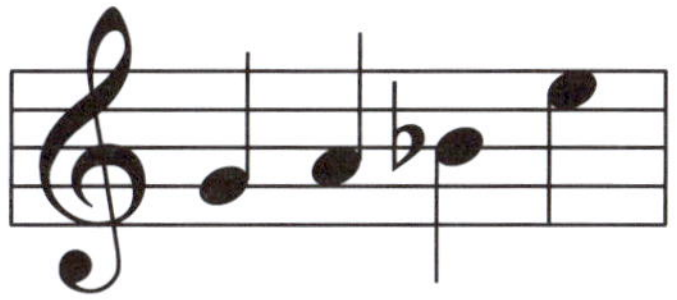

7 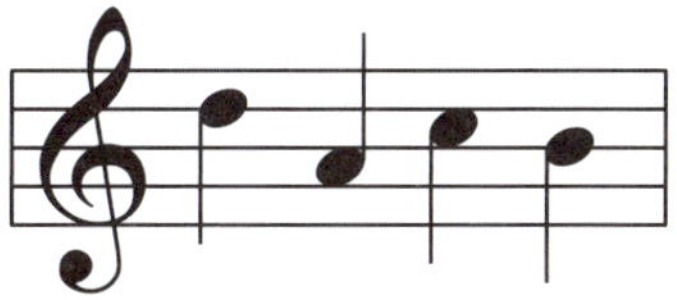

8 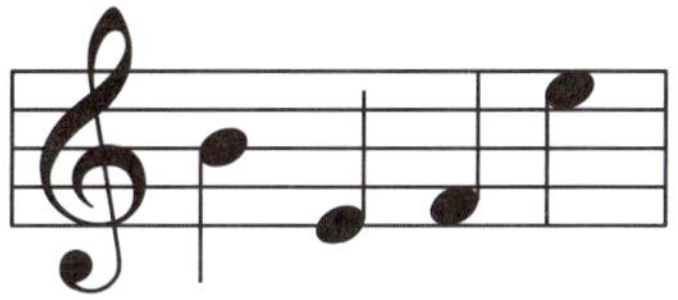

Zwei galaktische Fingerübungen

Im Weltraum

Setze die Taktstriche ein!

Mars(ch)-Musik

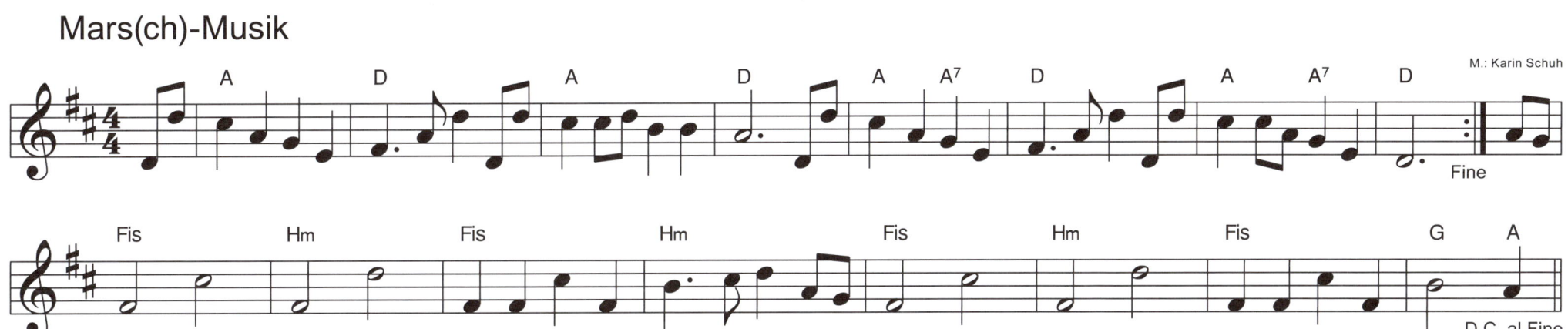

D-Dur Tonleiter

Übungen

Horch, was kommt von draußen rein

Kleiner Walzer

M.: Karin Schuh

Branle de Bourgogne

M.: Claude Gervaise

Ein musikalisches Würfelspiel

Joker

Spielidee 1

Ein Kind würfelt verdeckt.
Dann spielt es die kleine Melodie, die der gewürfelten Augenzahl entspricht, den anderen vor. Diese beobachten die Noten und müssen herausfinden, welche Zahl gewürfelt wurde.

Spielidee 2

Ein Kind würfelt und alle spielen gemeinsam die entsprechende Melodie.

Die beste Zeit im Jahr

M.: Martin Luther

Way down upon the Swanee River

M.: traditionell aus Nordamerika

Das Schöne - Töne - Spiel

Zwei Kinder sitzen sich gegenüber.
Stelle dir vor, eine kleine Spinne webt
einen Faden von einer Flöte zur anderen.
Auf diesem Faden schickst du einen Ton
zu deinem Partner und dein Partner
schickt denselben Ton zu dir zurück.

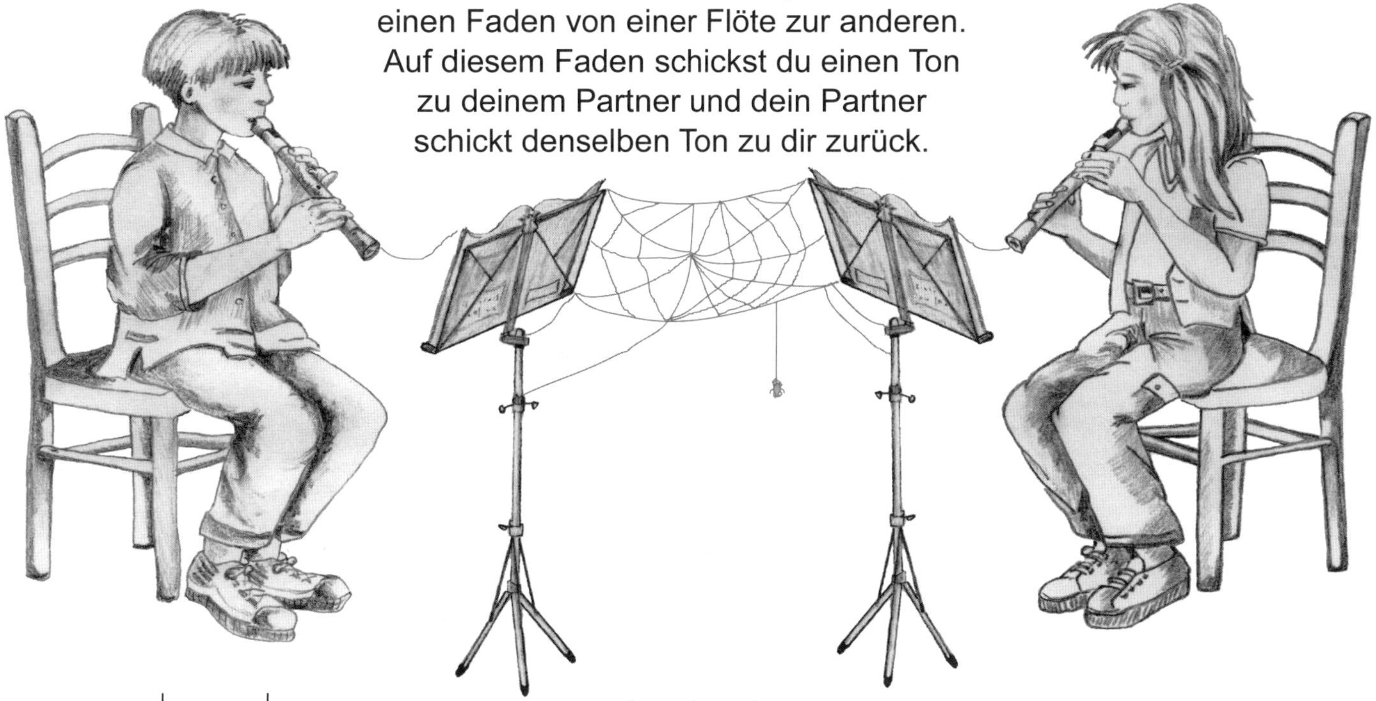

Fadenspiel

M.: Karin Schuh

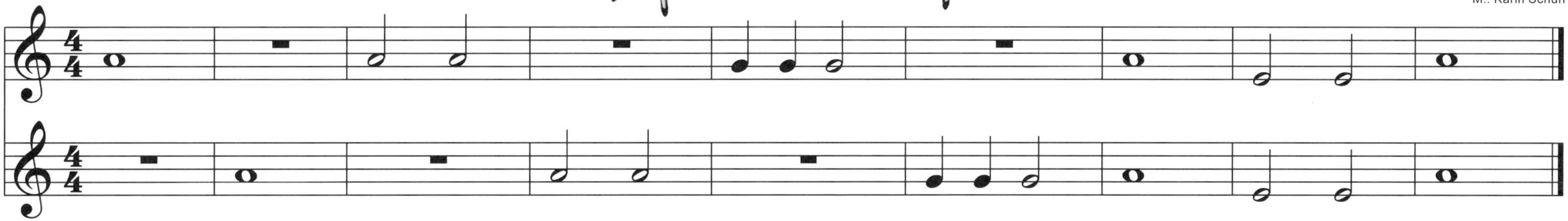

Übe zu zweit

M.: Karin Schuh

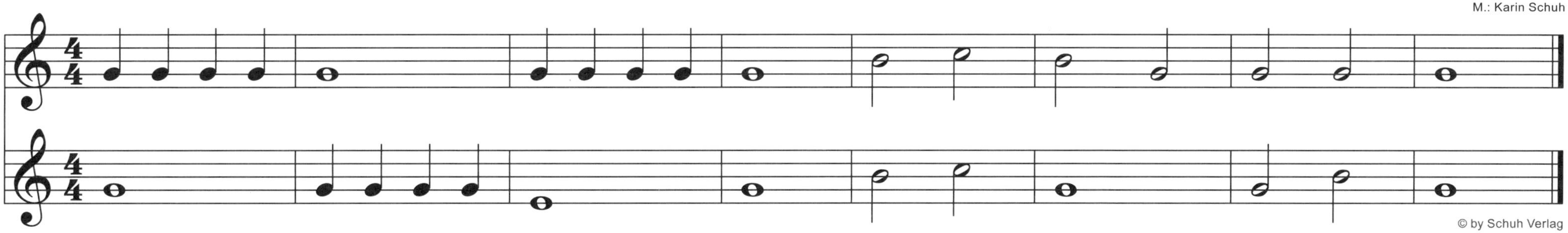

© by Schuh Verlag

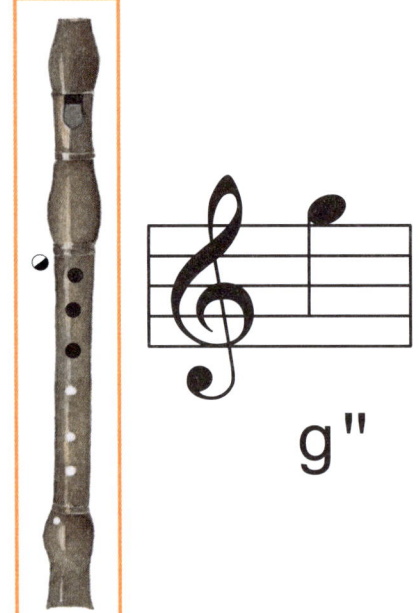

g"

Das hohe g"

Übung

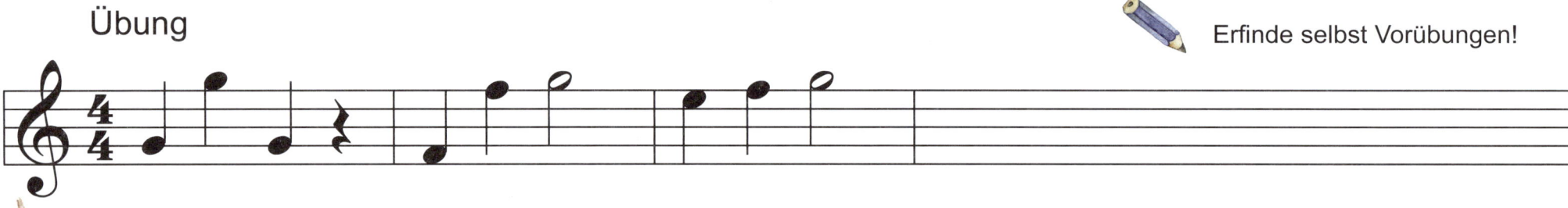

Erfinde selbst Vorübungen!

Höre Oktaven!
Ein Kind dreht sich um und spielt einen dieser Töne. Ein anderes Kind soll die dazugehörige obere oder untere Oktave finden.

Achte bei den hohen Tönen besonders
auf die „Töne am Spinnfaden"!

Deutscher Tanz

M.: traditionell aus Niederösterreich

Das Glöcklein

M.: Volkslied

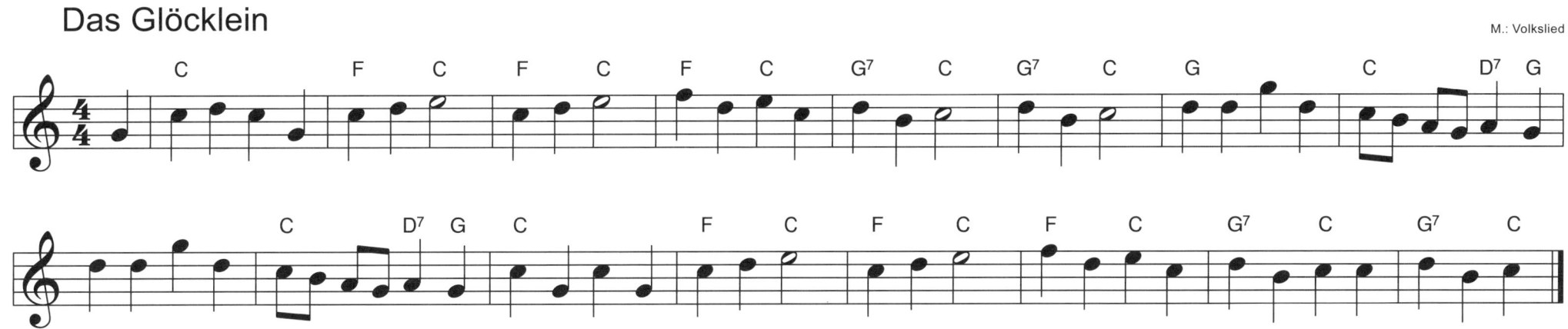

© by Schuh Verlag

Das hohe fis"

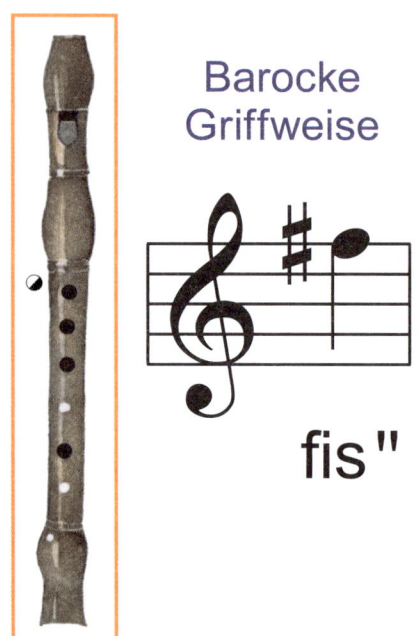

Barocke Griffweise

fis"

Deutsche Griffweise

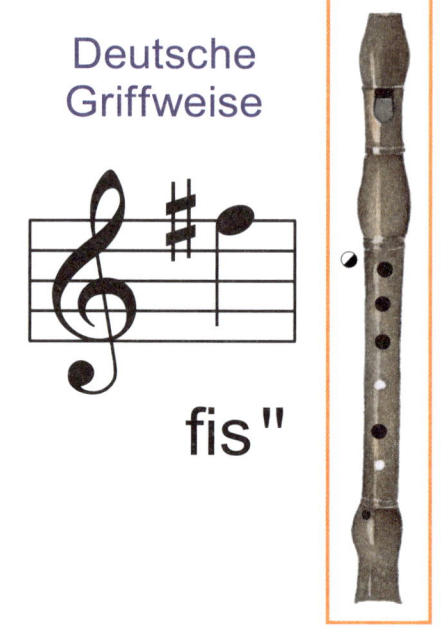

fis"

Übungen

Schreibe und spiele eine Oktave höher:

Die G-Dur Tonleiter

Drei kleine Etüden in G-Dur

Es tönen die Lieder (Kanon)

M.: Volkstümlich

Es tö - nen die Lie - der, der Früh - ling kehrt wie - der, es flö - tet der Hir - te auf sei - ner Schal - mei: tra - la - la - la - la - la - la - la, tra - la - la - la - la - la - la.

© by Schuh Verlag

Schottisches Lied

M.: aus dem 18. Jahrhundert

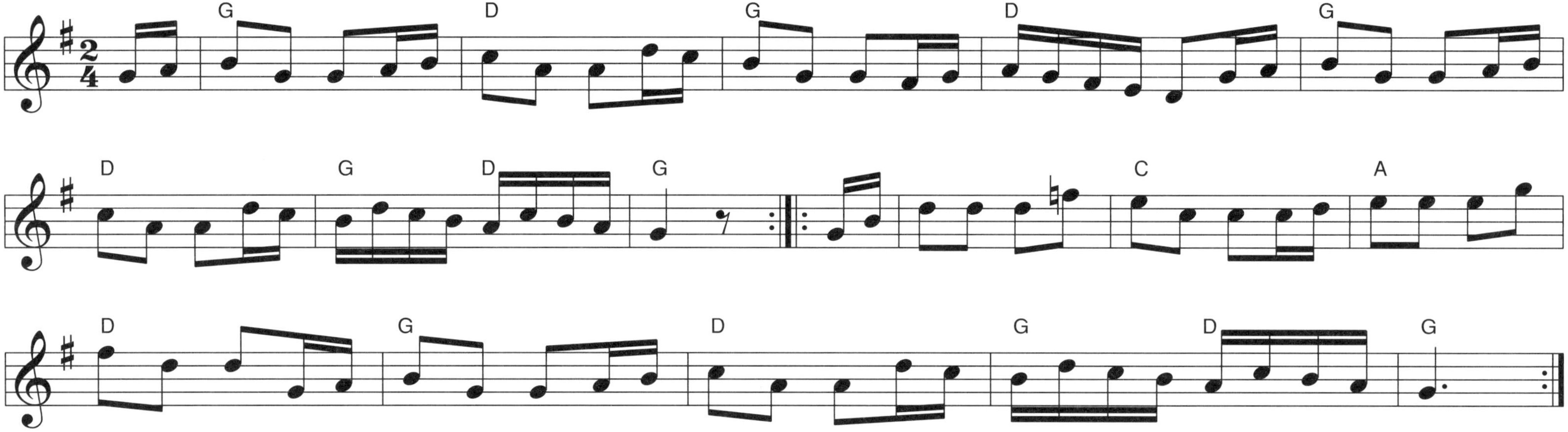

Der Schottenrock

M.: Karin Schuh
Ingrid Behrens

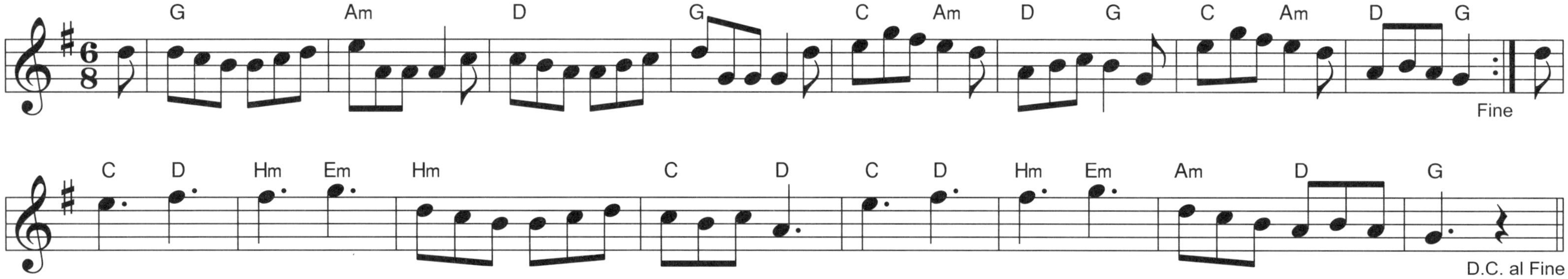

Hast du dir alles gemerkt?

Klatsche die folgenden Rhythmen und trage die Grundschläge ein!

 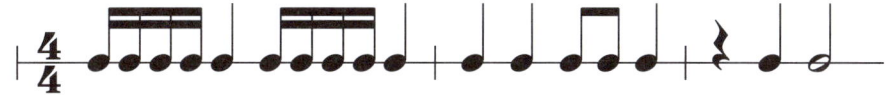

Die Anzahl der Grundschläge ist angegeben, ergänze die richtigen Notenwerte:

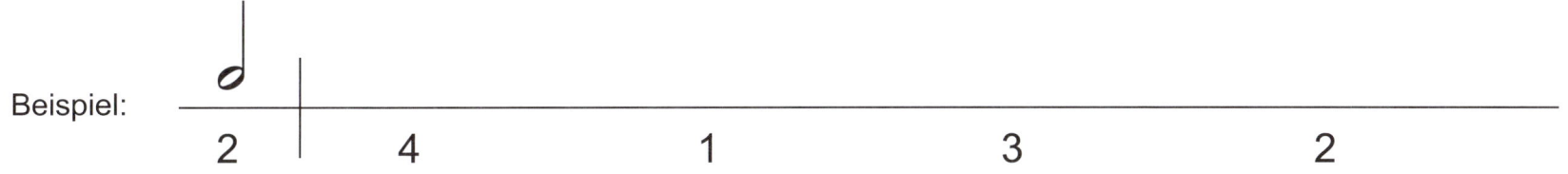

Viel Spaß beim Rechnen!

Ergänze die folgenden Takte:

Melodie in Dur

M.: Karin Schuh

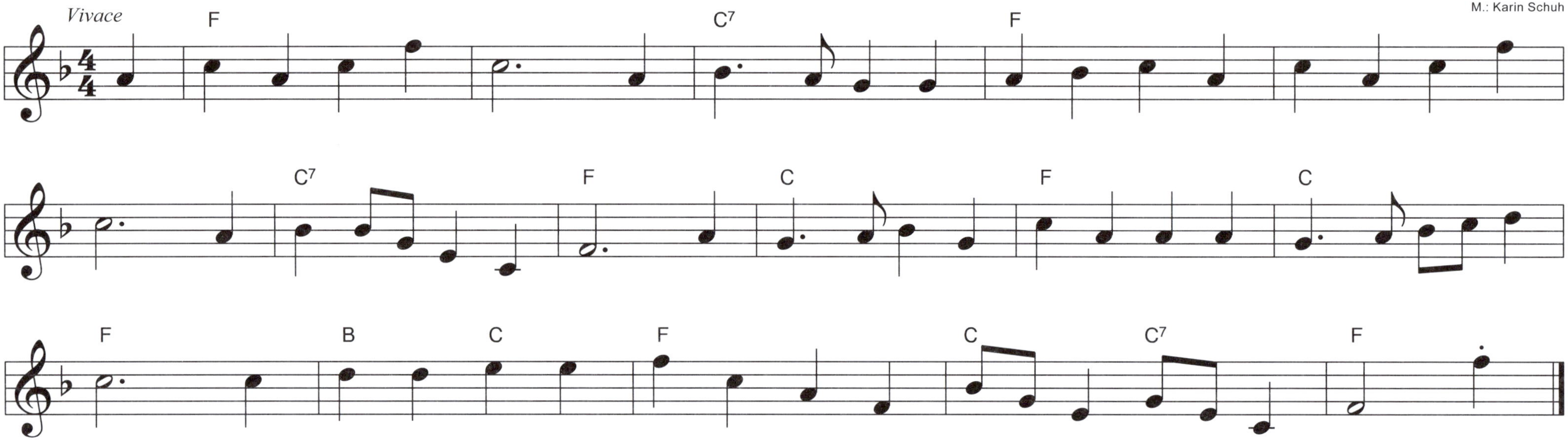

Vivace

Vivace = lebhaft

Dieses Stück möchte dir etwas erzählen. Beschreibe, was du bei dieser Melodie empfindest und male ein Bild dazu.
Finde zu Melodie und Bild einen passenden Namen.

Melodie in Moll

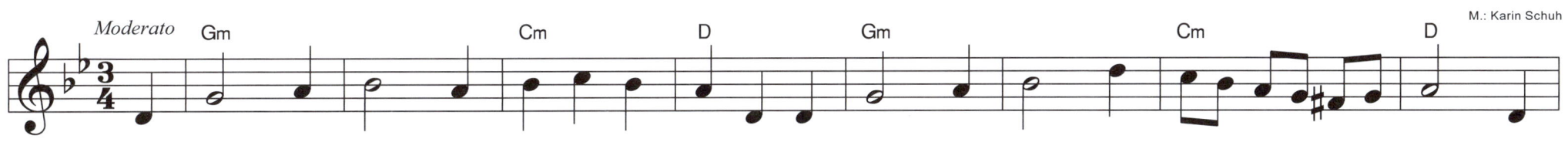

M.: Karin Schuh

Moderato = lebhaft

Wie hört sich diese Melodie an? Erzähle und male!

Dur oder Moll?

Finde es selbst heraus!

Wintertag

M.: traditionell aus Finnland
Satz: Uwe Schuh

Hans im Glück

M.: Karin Schuh

Dur oder Moll?

Es fiel ein Reif

Boiteuse

Der Bäckergeselle

Tänze durch Zeiten und Länder

Menuett

Das Menuett ist ein alter französischer Tanz (17./18.Jh.). Er wurde mit kleinen, zierlichen Schritten getanzt.
Das Menuett ist ein Dreiertakt und hat in der Regel keinen Auftakt.

Courante

Die Courante ist ein alter französischer Tanz (17.Jh.) in raschem Tempo.

Walzer   Mein Schätzchen ist fein

M.: traditionell aus Schwaben

Der Walzer ist der bekannteste deutsche Tanz im Dreivierteltakt (¾-Takt). Ihm ging das höfische Menuett voraus.

Lustige Polka

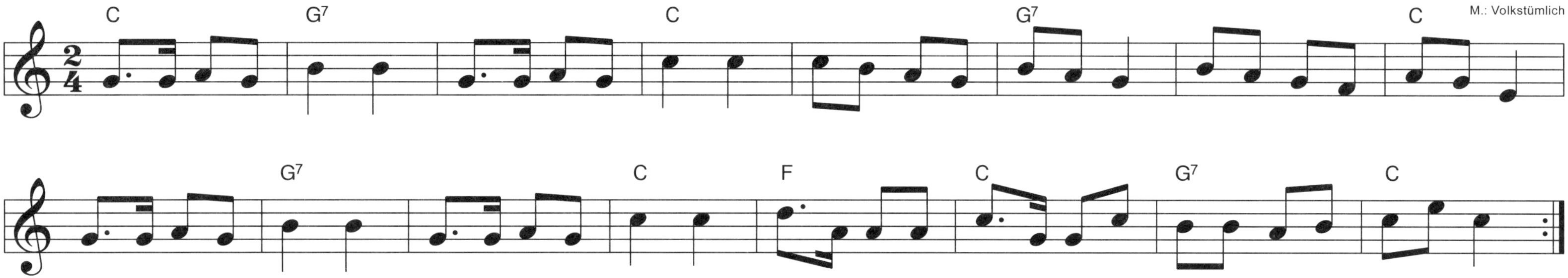

Das Wort Polka stammt vermutlich vom tschechischen Wort Pulca, das bedeutet kleiner Schritt oder Halbschritt.
Die Polka ist ein flotter Tanz.

Arabischer Tanz

Singt ein Lied, Freunde, das Fest beginnt!

M.: traditionell aus der Slowakei

Kalinka

M.: traditionell aus Russland

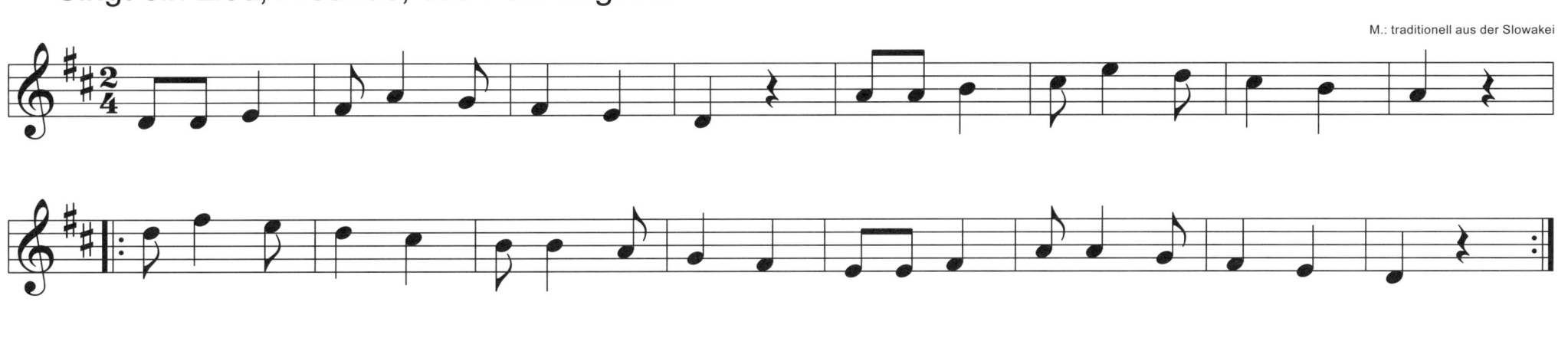

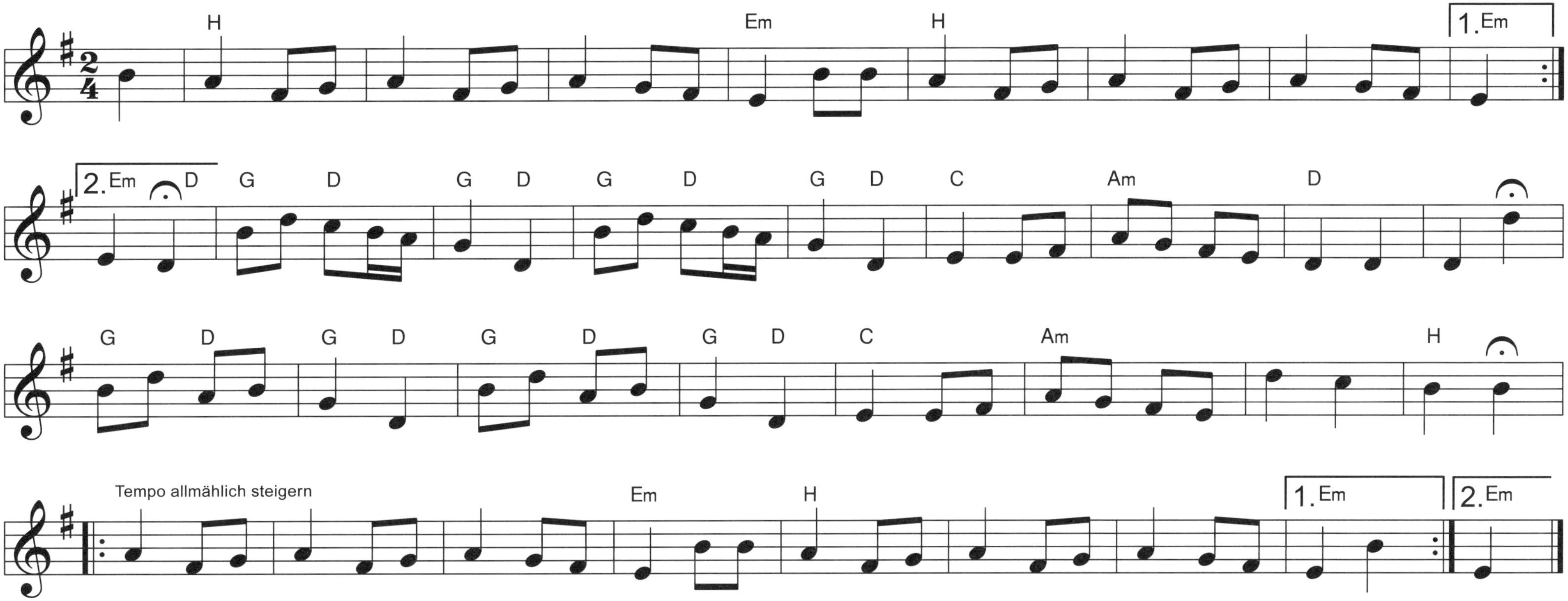

Der Spatzen-Blues

M.: Uwe Schuh

Party-Time

M.: Uwe Schuh

Fine

D.C. al Fine

Griffbild siehe Seite 64

© by Schuh Verlag

Boogie-Woogie

M.: Uwe Schuh

Au clair de la lune

M.: traditionell aus Frankreich

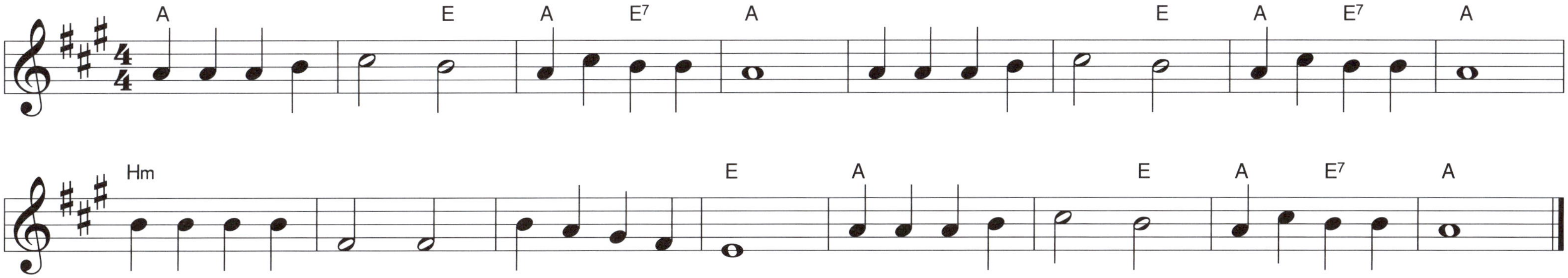

Altenglische Tanzweise

M.: John Playford

Übung

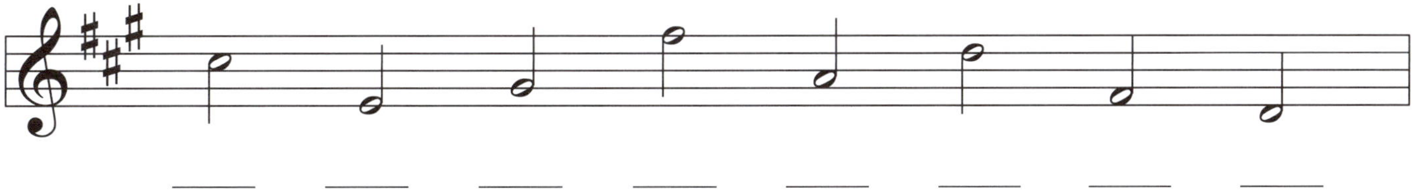

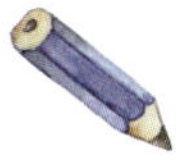

Schreibe die Notennamen!
Beachte dabei die Vorzeichen.

Menuett

M.: Johann Philipp Krieger

Die Blümelein sie schlafen

M.: Anton Wilhelm von Zuccalmaglio

Hava Nagila

M.: traditionell aus Israel

When Israel was in Egypt'sland

M.: Spiritual

Das hohe es"

Male vor jeden Ton
ein ♭ Vorzeichen:

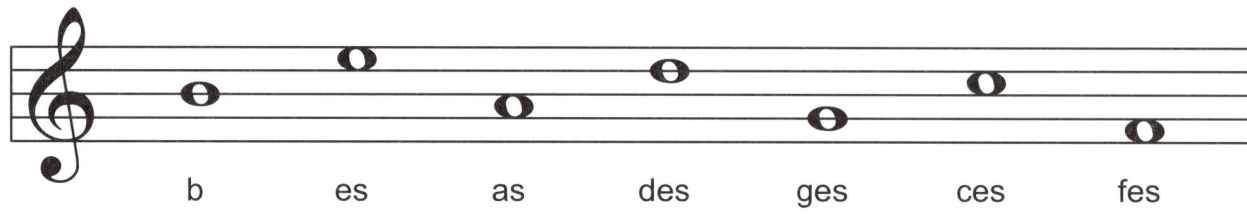

| b | es | as | des | ges | ces | fes |

Das Vorzeichen ♭ erniedrigt den Ton e um einen halben Ton. So wird aus dem Ton e der Ton es.

es"

Höre und nenne den
Unterschied von e und es!

Kleine Übung

Tanz rüber, tanz nüber

M.: Volksweise

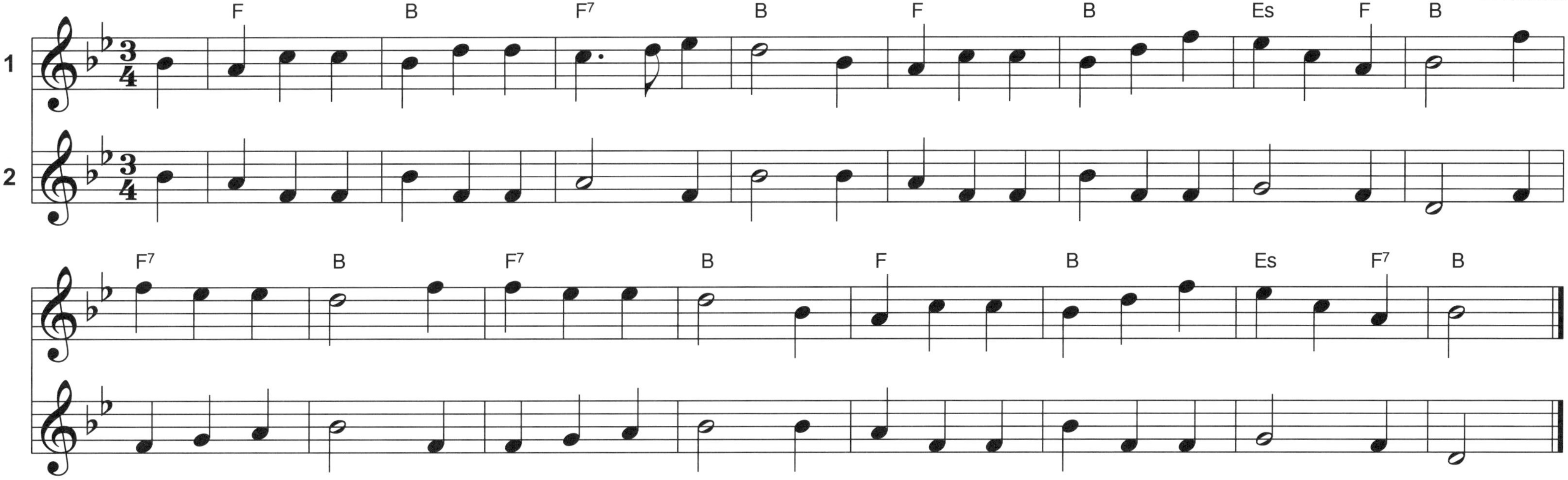

Ronde

M.: Tilman Susato

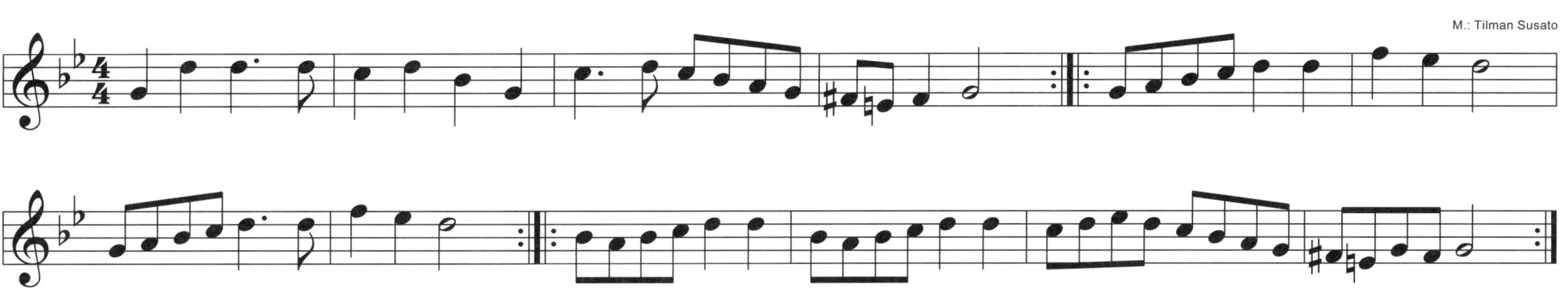

Lied der Schwäne

Aus Israel

Bajuschki Baju

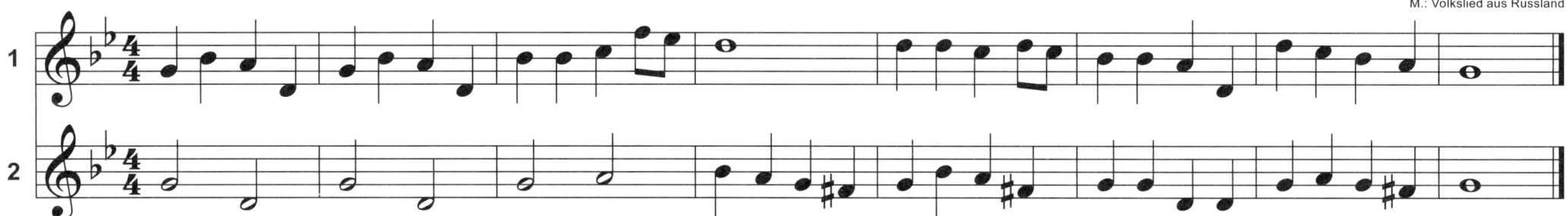

Galliarde

M.: Pierre Attaign

Aria

M.: Georg Friedrich Händel

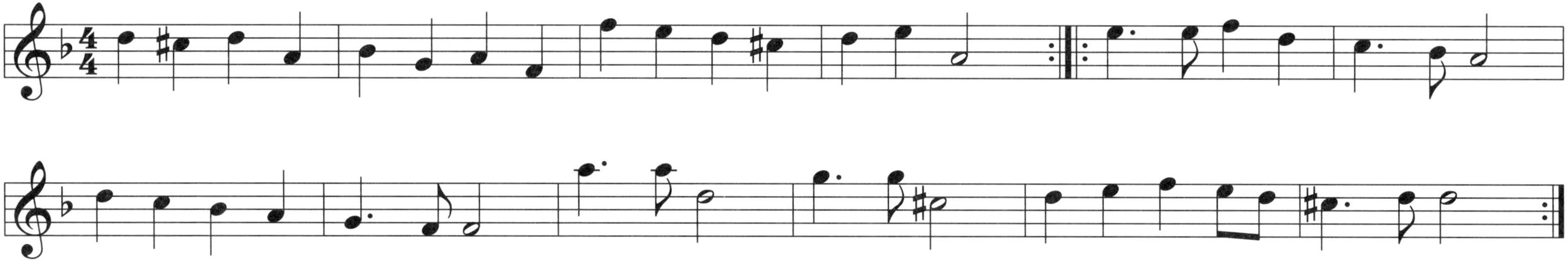

Sinfonie mit dem Paukenschlag

M.: Joseph Haydn

Nehmt Abschied Brüder

M.: traditionell aus Schottland

2x wdh.

© by Schuh Verlag

Würfelspiel mit dem Blockflötenspatz
für 2 bis 5 Kinder

Du brauchst:
1 Schere 1 Würfel
1 Notenblatt 1 Spielstein pro Spieler
1 Bleistift Deine Blockflöte

Vorbereitung:
Schneide alle Fragen- und Jokerkarten aus. Es gibt bei diesem Spiel vier verschiedene Spielkarten. Du erkennst sie an der Rückseite:

- Noten- und Musikzeichen (Karte mit dem Pausenzeichen)
- Lied und Ton (Karte mit dem Spatz)
- Instrumente (Karte mit der Blockflöte)
- Wissen rund um die Musik (Karte mit den Noten)

Mische die Jokerkarten unter die vier Stapel der Spielkarten und lege alles auf die entsprechenden Felder auf dem Spielplan.
Die Spielsteine stehen am Start.
Regeln: Die Spielsteine der Mitspieler dürfen übersprungen werden.
Auf einem Feld können mehrere Spielsteine stehen.
Das Spiel verläuft in Pfeilrichtung.
Jeder Spieler darf pro Runde nur 1 mal würfeln.

Das Spiel beginnt:
Dein(e) Lehrer(in) zeigt einen Griff. Wer zuerst errät, welcher Ton das ist, fängt an zu würfeln.
Die Farben der Spielfelder entsprechen den Farben der Spielkarten.
Wer z.B. auf einem blauen Feld landet, der zieht eine Blockflötenkarte.
Bei richtiger Antwort darfst du deinen Stein stehen lassen, bei falscher Antwort musst du 3 Felder zurück. Dann ist der Nächste an der Reihe.

Ziehst du eine Jokerkarte, behalte sie. Du darfst sie einlösen, falls du eine Frage nicht beantworten kannst. Dann musst du nicht zurück.
Zu der Jokerkarte darfst du noch eine weitere Spielkarte ziehen.

Spielende:
Wer zuerst das Ziel erreicht, ist Sieger.
Du darfst beim letzten Wurf auch aufs letzte Feld vorrücken, wenn du mehr Augen gewürfelt hast als erforderlich.

Auflösungen der Fragekarten

Noten und Musikzeichen:
1. Violinschlüssel
2. Sechzehntel Pause
3. Ton „b"
4. Auflösungszeichen
5. Sechzehntel Note
6. 3 Schläge
7. 4 Schläge
8. Wiederholungszeichen
9. Taktart
10. Ton „fis"
11. Schluß 1, dann Schluß 2
12. von Anfang bis Fine.
13. —
14. ↯
15. Haltebogen
16. Legato - Bindebogen
17. Staccato - Akzent
18. Takte
19. ABEND
20. BACH
21. SEIFE
22. EICHE
23. GABEL
24. z.B. ♩♩♪♪
25. z.B. ♩♩♩
26. z.B. ♩♩♩
27. z.B. ♩♩

Lied und Ton:
1. Onkel Donald
2. Hänschen klein
3. Ringlein, Ringlein
4. Kuckuck
5. Alle meine Entchen
6. Bi-Ba-Butzemann
7. Oh, Susanna
8. Komm lieber Mai
9. Geburtstagslied
10. Bela Bimba
11. Es tönen die Lieder
12. He, ho! Spann den ...
13.-15. Aktionskarten
16. „fis" deutsch und barock
17. „f" deutsch und barock
18. „b"
19. „es"
20. „gis"
21. „cis"
22. hohes „g"
23. Aktionskarte
24. fröhlich, heiter
25. traurig
26. unvollständiger Takt am Liedanfang
27. Fermate - Ruhepunkt

Instrumente:
1. Harfe, Gitarre, Violine
2. Kesselpauke
3. Violine
4. Holz
5. Schlagzeug
6. Saxophon
7. Sopran-Alt-Tenor-Bass
8. Flügel
9. Trompete
10. Akkordeon
11. Klangplatten aus
    Metall – Glockenspiel
    Holz – Xylophon
12. Block im Flötenkopf
13. Aktionskarte
14. Kopf-, Mittel- und Fußteil
15. Cello
16. Kirchenorgel
17. „dü"
18. Xylophon
19. Triangel
20. Schlägel
21. um den Kork zu pflegen
22. Fenster
23. mit dem Flötenkopf
24. Flöte, Klarinette, Fagott
25. Tuba
26. Saiten werden mit einem Bogen gestrichen
27. Trompete, Waldhorn

Wissen rund um die Musik:
1. z.B. Mozart, Haydn
2. Instrumentalgruppe
3. Chor- oder Orchesterleiter
4. acht Töne
5. linke Hand
6. Notenständer
7. Sängergruppe
8. Aktionskarte
9. z.B. Streicher, Querflöten, Waldhorn, Schlagwerk, Oboe, Fagott, Harfe ...
10. piano
11. forte
12. crescendo - lauter werden
13. decrescendo - leiser werden
14.-17. Aktionskarten
18. Glückskarte
19.-27. Mimik-Pantomime

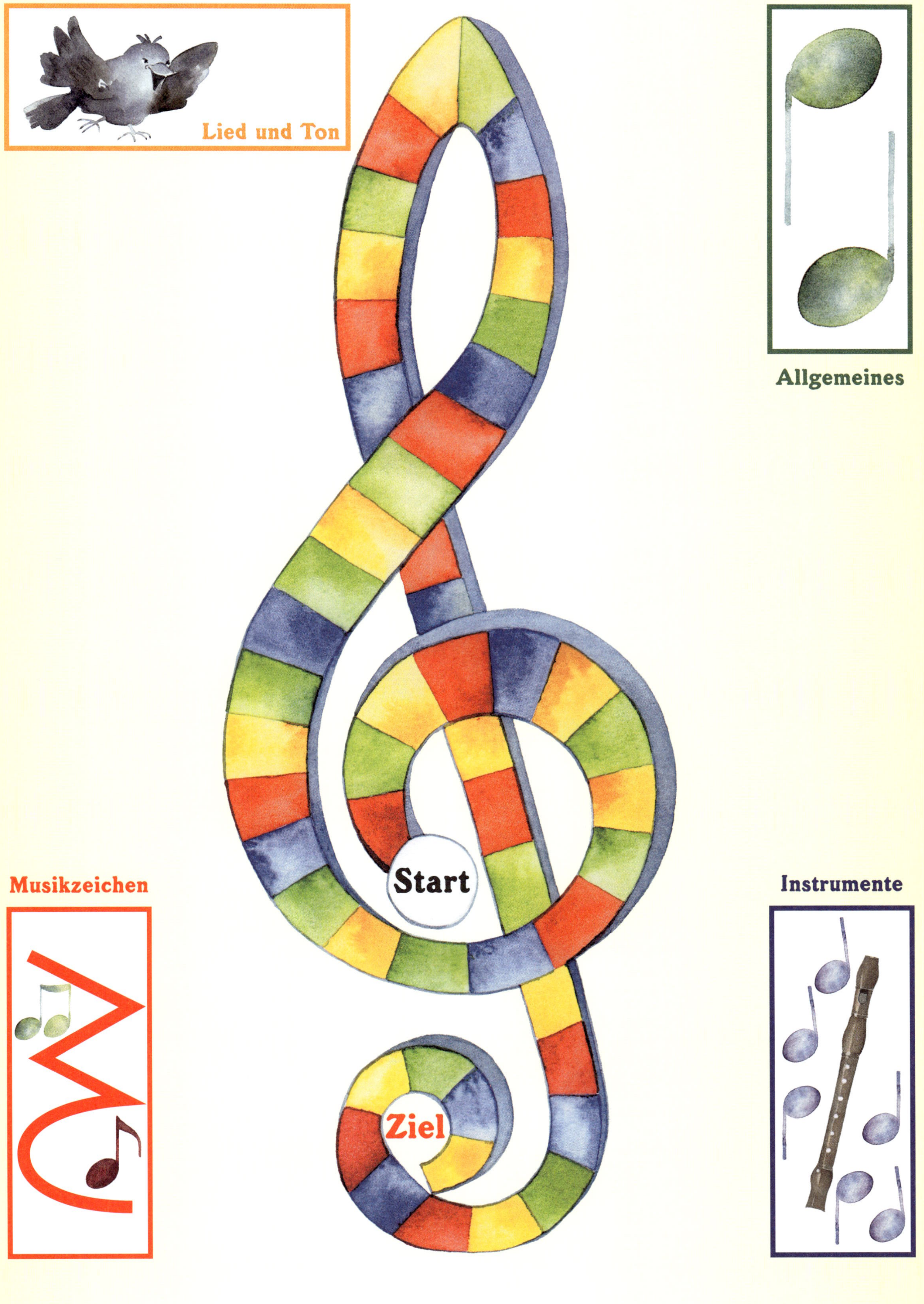

Musikzeichen

Lied und Ton

Ziel Start

Instrumente

Allgemeines

Joker - Karte Diese Karte darfst du behalten. Wenn du eine Frage nicht beantworten kannst, darfst du diese Karte einlösen.	**Joker - Karte** Diese Karte darfst du behalten. Wenn du eine Frage nicht beantworten kannst, darfst du diese Karte einlösen.	**Joker - Karte** Diese Karte darfst du behalten. Wenn du eine Frage nicht beantworten kannst, darfst du diese Karte einlösen.	**Joker - Karte** Diese Karte darfst du behalten. Wenn du eine Frage nicht beantworten kannst, darfst du diese Karte einlösen.	**Joker - Karte** Diese Karte darfst du behalten. Wenn du eine Frage nicht beantworten kannst, darfst du diese Karte einlösen.	**Joker - Karte** Diese Karte darfst du behalten. Wenn du eine Frage nicht beantworten kannst, darfst du diese Karte einlösen.	**Joker - Karte** Diese Karte darfst du behalten. Wenn du eine Frage nicht beantworten kannst, darfst du diese Karte einlösen.	**Joker - Karte** Diese Karte darfst du behalten. Wenn du eine Frage nicht beantworten kannst, darfst du diese Karte einlösen.

Joker - Karte Diese Karte darfst du behalten. Wenn du eine Frage nicht beantworten kannst, darfst du diese Karte einlösen.	**Joker - Karte** Diese Karte darfst du behalten. Wenn du eine Frage nicht beantworten kannst, darfst du diese Karte einlösen.	**Joker - Karte** Diese Karte darfst du behalten. Wenn du eine Frage nicht beantworten kannst, darfst du diese Karte einlösen.	**Joker - Karte** Diese Karte darfst du behalten. Wenn du eine Frage nicht beantworten kannst, darfst du diese Karte einlösen.	**Joker - Karte** Diese Karte darfst du behalten. Wenn du eine Frage nicht beantworten kannst, darfst du diese Karte einlösen.	**Joker - Karte** Diese Karte darfst du behalten. Wenn du eine Frage nicht beantworten kannst, darfst du diese Karte einlösen.	**Joker - Karte** Diese Karte darfst du behalten. Wenn du eine Frage nicht beantworten kannst, darfst du diese Karte einlösen.	**Joker - Karte** Diese Karte darfst du behalten. Wenn du eine Frage nicht beantworten kannst, darfst du diese Karte einlösen.

Joker - Karte Diese Karte darfst du behalten. Wenn du eine Frage nicht beantworten kannst, darfst du diese Karte einlösen.	**Joker - Karte** Diese Karte darfst du behalten. Wenn du eine Frage nicht beantworten kannst, darfst du diese Karte einlösen.	**Joker - Karte** Diese Karte darfst du behalten. Wenn du eine Frage nicht beantworten kannst, darfst du diese Karte einlösen.	**Joker - Karte** Diese Karte darfst du behalten. Wenn du eine Frage nicht beantworten kannst, darfst du diese Karte einlösen.	**Joker - Karte** Diese Karte darfst du behalten. Wenn du eine Frage nicht beantworten kannst, darfst du diese Karte einlösen.	**Joker - Karte** Diese Karte darfst du behalten. Wenn du eine Frage nicht beantworten kannst, darfst du diese Karte einlösen.	**Joker - Karte** Diese Karte darfst du behalten. Wenn du eine Frage nicht beantworten kannst, darfst du diese Karte einlösen.	**Joker - Karte** Diese Karte darfst du behalten. Wenn du eine Frage nicht beantworten kannst, darfst du diese Karte einlösen.

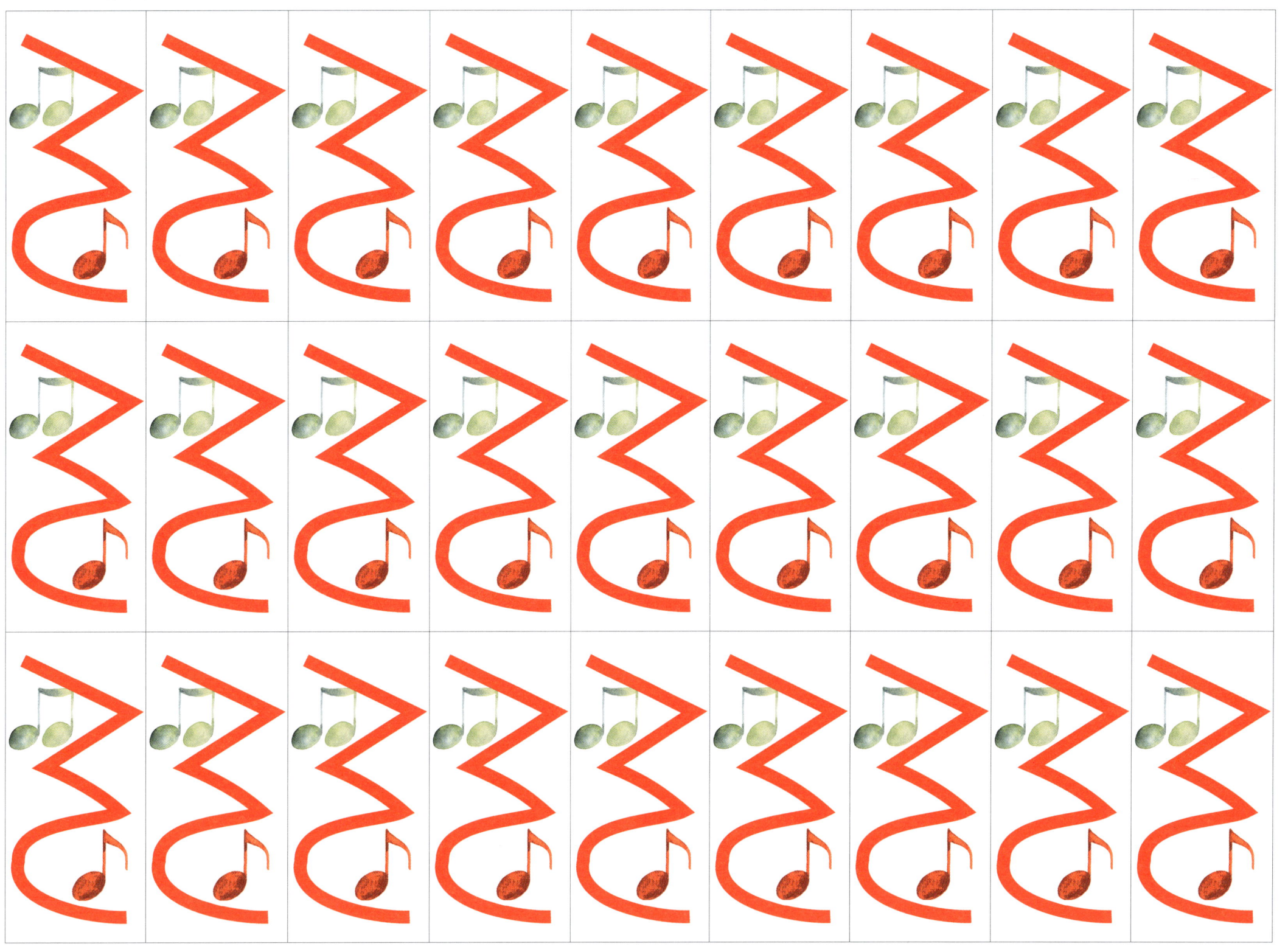

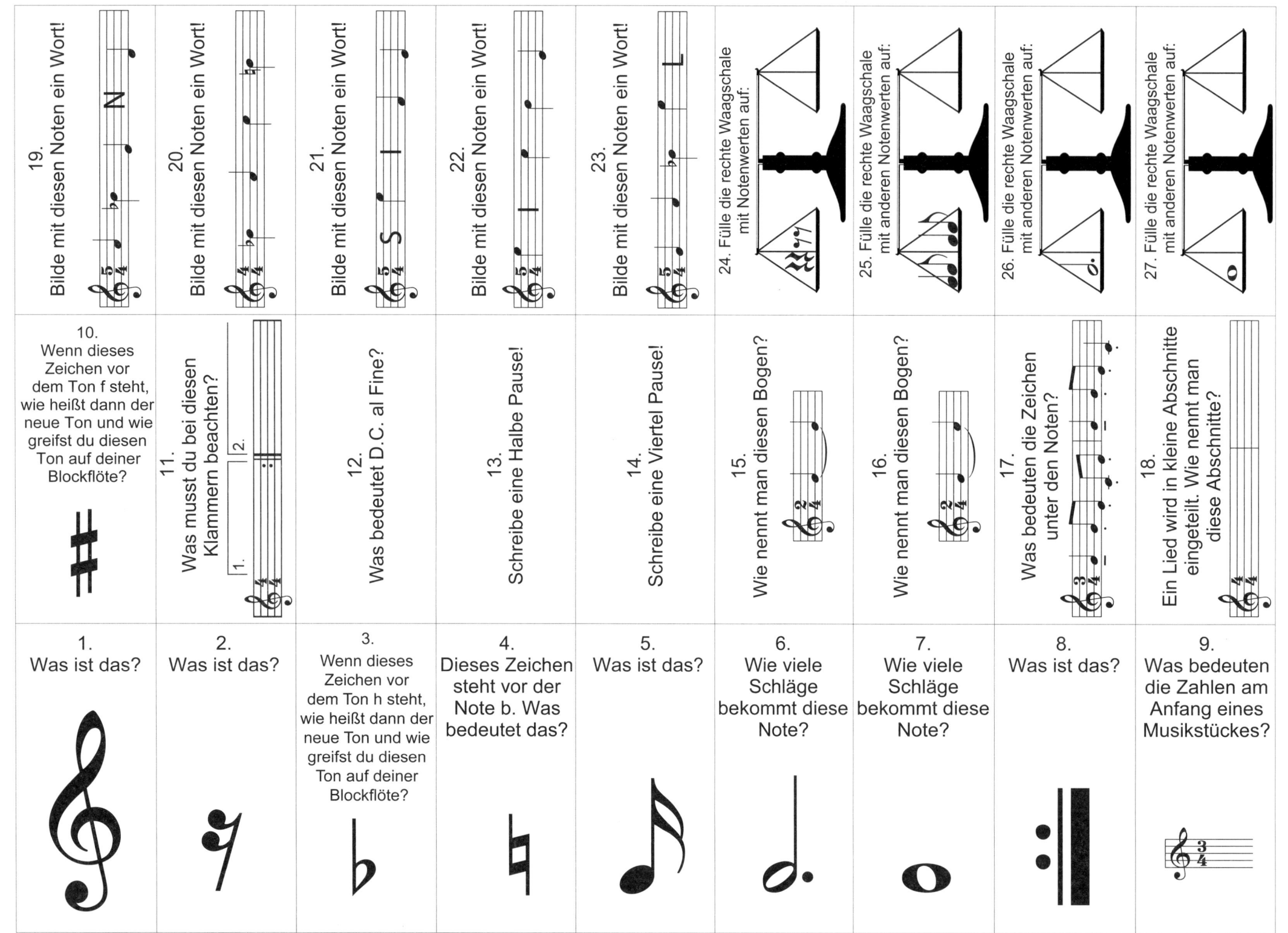

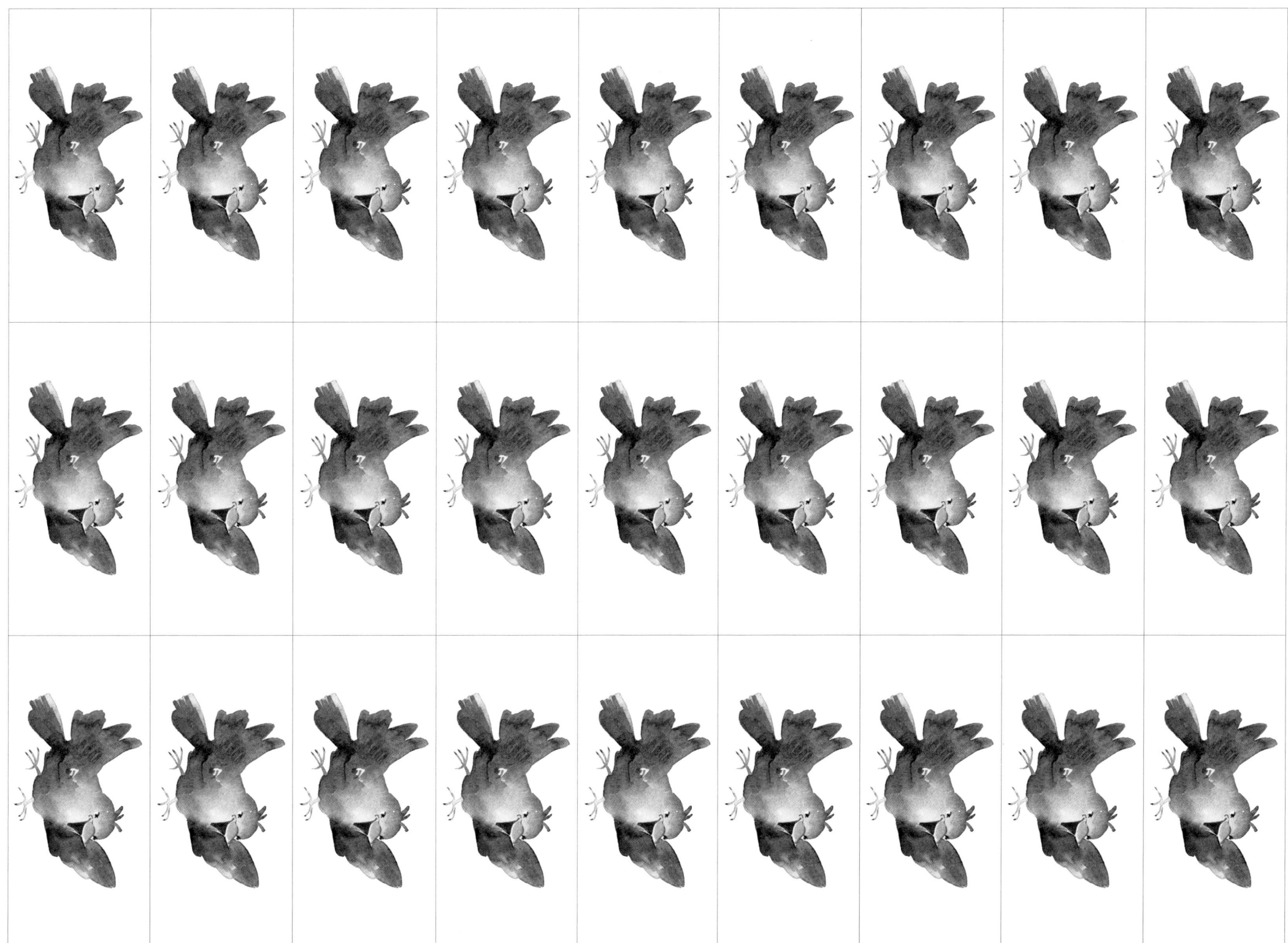

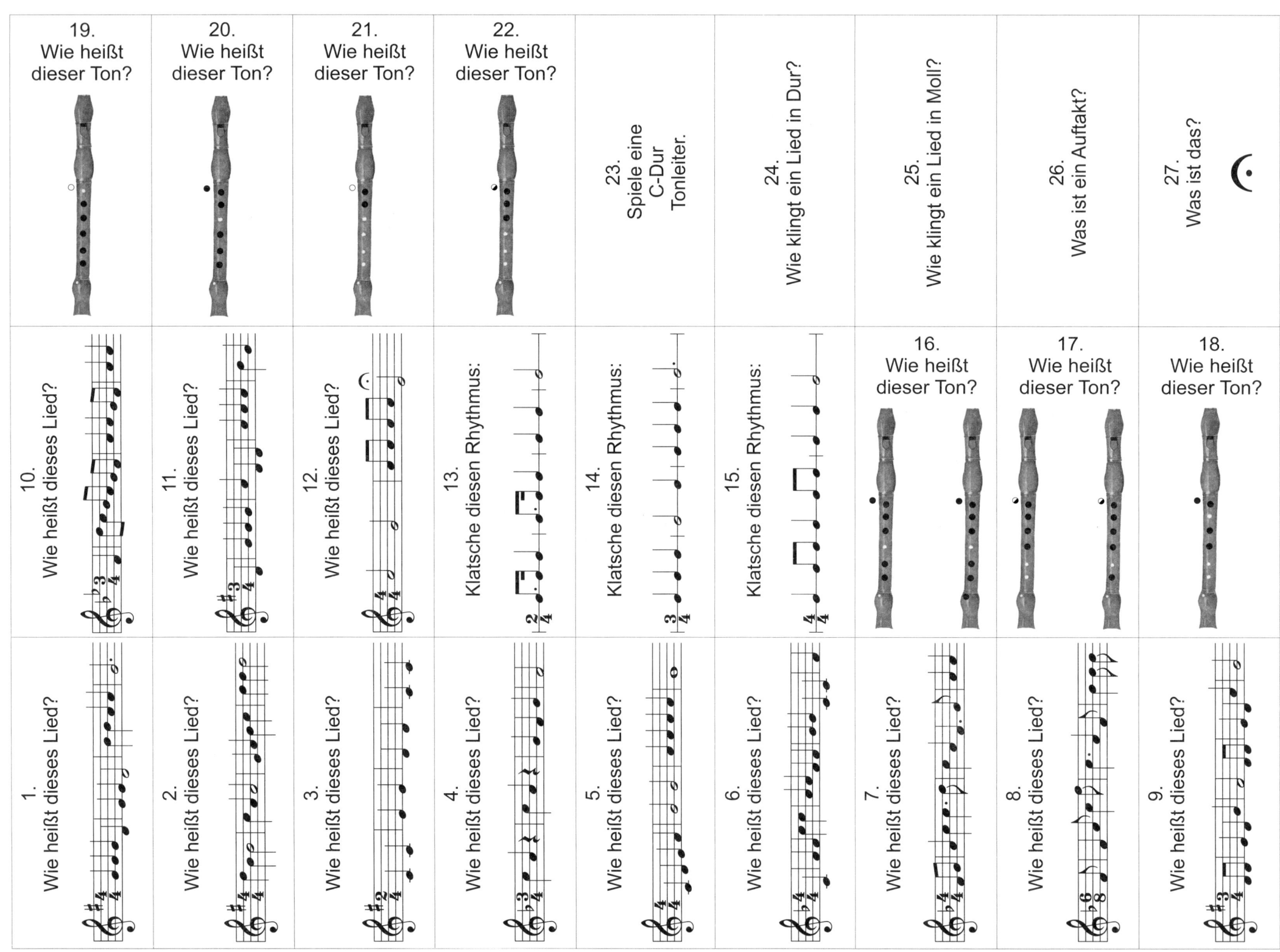

1. Benenne diese drei Saiteninstrumente!

2. Wie heißt dieses Instrument?

3. Welches Instrument spielt dieses Kind?

4. Aus welchem Material besteht dieses Instrument?

5. Wie nennt man diese Instrumente?

6. Wie heißt dieses Instrument?

7. Nenne zwei verschiedene Stimmlagen der Blockflöte!

8. Wie heißt dieses Instrument?

9. Wie heißt dieses Instrument?

10. Wie heißt dieses Instrument?

11. Was unterscheidet das Glockenspiel vom Xylophon?

12. Woher hat die Blockflöte ihren Namen?

13. Zeige die richtige Haltung für das Blockflötenspiel!

14. Aus welchen Teilen besteht die Blockflöte?

15. Welches Streichinstrument hat einen Stachel?

16. Welches Instrument spielt man auch mit den Füßen?

17. Was macht deine Zunge, wenn du Blockflöte spielst?

18. Wie heißt dieses Instrument?

19. Welches Instrument ist das?

20. Das Glockenspiel spielt man mit zwei ....

21. Wozu braucht man Blockflötenfett?

22. Wie nennt man diese Öffnung im Blockflötenkopf?

23. Wie stimmt man eine Blockflöte?

24. Nenne drei Holzblasinstrumente!

25. Nenne das größte Blechblasinstrument!

26. Was ist ein Streichinstrument?

27. Nenne zwei Blechblasinstrumente!

1. Nenne zwei berühmte Komponisten!

2. Was ist ein Orchester?

3. Was ist ein Dirigent?

4. Wie viele Töne hat eine Tonleiter?

5. Welche Hand spielt beim Blockflötenspiel oben? Schüttle jedem Mitspieler damit die Hand!

6. Was ist das?
(Bild: Notenständer)

7. Was ist ein Chor?

8. Male einen Notenschlüssel!

9. Nenne drei Instrumente eines Orchesters!

10. Nenne das italienische Wort für „leise".

11. Nenne das italienische Wort für „laut".

12. Was bedeutet dieses Zeichen?
(V)

13. Was bedeutet dieses Zeichen?
(∧)

14. Singe ein Lied vor!

15. Heute ist ein schöner Tag. Dein nächster Wurf zählt doppelt!

16. Leider hast du jetzt Pause. Eine Runde aussetzen!

17. Hüpfe auf einem Bein bis zur Zimmertür und wieder zurück!

18. Du hast Glück! Rücke drei Felder vor!

19. MIMIK - KARTE
Stelle durch Pantomime einen **Trommler** dar!

20. MIMIK - KARTE
Stelle durch Pantomime einen **Gitarristen** dar!

21. MIMIK - KARTE
Stelle durch Pantomime einen **Dirigenten** dar!

22. MIMIK - KARTE
Stelle durch Pantomime einen **Balletttänzer** dar!

23. MIMIK - KARTE
Stelle durch Pantomime einen **Opernsänger** dar!

24. MIMIK - KARTE
Stelle durch Pantomime einen **Geigenspieler** dar!

25. MIMIK - KARTE
Stelle durch Pantomime einen **Klavierspieler** dar!

26. MIMIK - KARTE
Stelle durch Pantomime einen **Querflötespieler** dar!

27. MIMIK - KARTE
Stelle durch Pantomime einen **Cellospieler** dar!